U0131561

学习习 如何成为高手

祁子凯 著

台海出版社

图书在版编目（CIP）数据

如何成为学习高手 / 祁子凯著 . — 北京：台海出版社，2022.9
ISBN 978-7-5168-3321-6

Ⅰ . ①如… Ⅱ . ①祁… Ⅲ . ①学习方法 Ⅳ .
① G791

中国版本图书馆 CIP 数据核字（2022）第 099488 号

如何成为学习高手

著　者：祁子凯

出 版 人：蔡　旭　　　　　　　　　封面设计：刘　哲
责任编辑：俞滟荣

出版发行：台海出版社
地　　址：北京市东城区景山东街20号　　邮政编码：100009
电　　话：010-64041652（发行，邮购）
传　　真：010-84045799（总编室）
网　　址：www.taimeng.org.cn/thcbs/default.htm
E - mail：thcbs@126.com

经　　销：全国各地新华书店
印　　刷：三河市兴达印务有限公司
本书如有破损、缺页、装订错误，请与本社联系调换

开　　本：787毫米×1092毫米　　　　1/32
字　　数：152千字　　　　　　　　　印　张：10
版　　次：2022年9月第1版　　　　　印　次：2022年9月第1次印刷
书　　号：ISBN 978-7-5168-3321-6

定　　价：49.80元

目录

第一章

人生向上：掌握人生的关键

第二章

突破阶层的八个思考

第三章

成长的两条捷径：
深度思考和持续学习

第四章

输出：从新手变成大师

第五章

爆款内容创作者都在用的底层逻辑

第六章

成为高效能职场新人

第七章
知行合一：打破生活枷锁

. . . .

第一章

人生向上：

掌握人生的关键

HOW TO BECOME

A GOOD

LEARNER

··········

普通人，如何进入行业头部好公司

如何成为学习高手

你在大学会经历两次迷茫，大一一次，大四一次。

三年前我刚从美国毕业回国，正满心期待地准备进入互联网行业大干一场的时候，遇到了我进入社会的第一个困境——没有公司愿意录取我。当时我很诧异，我以为凭借我本科"985"院校和美国读研的简历，在求职路上应该是一帆风顺的。但没想到征程还没开始，现实就给了我重重的一击。

当时我给很多大型互联网公司投递了简历，但所有简历都如石沉大海。即使有几家公司通过了我的简历，但最后又直接挂在了笔试部分。从七月毕业回国，一直到十月，我没有一次面试成功的经历，没有收获一个Offer。那段时间真的很焦虑，而且陷入了深度的自我怀疑。

郁闷的同时，我也在反思自己多次失败的原因，还在网上翻看了很多相关的帖子，看了很多人的面试经验，最终发现，我的问题在于我没有相关的实习和项目经历。其中的道理也很简单，每年各大顶级高校的毕业生里面有很多人都想进入"大厂",但对于公司而言,教育经历顶多算一个基础门槛,能否以最低成本培养一个新人才是他们考虑的核心点,所以头部互联网公司都非常喜欢那些有过相关项目经验和实习经历的人,因为他们入职以后可以快速进入工作状态。

而我,由于大学时比较懒,实习和项目经验都比较少,尤其是缺乏互联网行业的相关经验,这导致我的简历的竞争力非常低。

相信很多人在刚进入职场的时候都会遇到类似的问题。无论是哪个行业,应届生想进入到这个行业头部的企业,都是千军万马过独木桥,困难异常,除非你有非常耀眼的简历。

所以我们该怎么办?

如果你还在读大学,我是非常建议你多参加实习的,这会大幅提高你的竞争力。但如果你跟我一样,大学没有那么勤奋,或者没有那么多机会参加实习,该怎么办?

在被困扰很久之后,我决定采取"曲线救国"的方法——先找一个互联网行业的中小公司，因为中小企业的入职门槛比较低。在入行之后，接着通过"自学"来不断提升自己对于行业的理解和储备相关行业的知识，从而提升自己在互联网行业的竞争力。

所以我不再投递简历到互联网"大厂"，而是开始给一些中小互联网公司投递简历。很快，我的简历就有了反馈，接着我来到北京进行了面试，最终选择了一家心仪的公司入职，也开启了我在互联网行业的打拼之路。

找到自己擅长的领域，
锁定学习的内容

如何成为学习高手

　　我第一家就职的公司是创业型公司。创业型公司相比那些头部的"大厂"，它的优缺点都很明显。

　　创业型公司最大的一个弊端就是相对不完善的培训体系。我见过的大部分创业型公司都很难有时间和资源去为每一个员工配备完善的培训体系。就拿我当时的工作为例，我最开始是一名产品经理（很多人可能不太了解互联网的产品经理做什么工作，简单打个比方，产品经理就像一栋大楼的图纸设计师，来设计你用的很多手机App或者电脑软件的样式，再交给程序员进行代码层面的产品实现），很多专业技能和软件的使用都是不会的，而且因为之前没有相关的实习经历，刚入行的我面对工作真的是一头雾水，完全找不到方向。

　　所以，刚入职的前一个月我陷入了严重的焦虑。那段时间因为工作上很多事情都不会做，焦虑到需要靠一直吃零食来缓解压力，还让我在短短一个月内胖了十斤。

　　如果是你，你会如何快速地度过职场初期的入门阶段呢？

事实上，新人时期的我们能做的有很多，比如请教同事、看书学习、上网课学习，等等。这些方式我当时都有尝试过。一开始我选择的是请教同事，但因为我的同事大多都是程序员，很难找到可以直接在产品设计层面帮助我的人；后来我尝试去看书，并且购买了市面上评分比较高的产品经理入门的图书，但最后的效果还是很差。因为书里写的内容缺乏有效的案例指导，很难真正运用到实际的工作中，使得单纯靠读书提升自己的性价比变得很低。

尝试到最后，我报了专门针对互联网产品经理入门的网课，效果非常好。在选择网课之前，我也花了一些时间研究了市面上各个网课的评价，选择了最好的那一个。为什么网课的效果最好？一个是因为网课里有充足的案例教学，另一个则是网课配套的助教可以进行有效的问题解答和沟通交流。

在报完网课之后，我再度体验了两个月的"高三生活"。每天晚上十点多到家，接着看课程、写作业。通过下班后的时间自学去提升自己，让自己能够快速地入门。

这两个月的感觉是非常棒的，那是一种学以致用的感觉。前一天晚上学习得到的产品设计的思路、用户调研的方法，在第二天的工作中就可以用到。通过不断的学习、实践、试错，真正地把学到的每一个知识点在实际工作中运用，不断加深自己对于这个岗位和行业的理解。

通过我那段时间的经历，我也同样看到了创业型公司最大的优点，就是可以给新人更多试错的机会。相比于我后来去的互联网"大厂"，创业型公司有着更加扁平化的组织架构，可以给年轻人更多尝试的机会，也让我能够更好地实践所学的知识。

很快，我通过自学和努力，成功地在一年多的时间内，成了公司一个产品小组的负责人，带着几个小伙伴一起做用户调研、打磨产品、迭代升级工作。我算真正地进入了互联网行业。

在成为产品小组负责人的过程中，我也开始带新人，其中不少都是刚毕业的应届生，他们面临的处境跟刚毕业时候的我很像，但不同的人身上体现出来的自学力的差距也是大得惊人。有的人自学能力很强，听了我的建议报了相关的课程，每天利用自己业余的时间学习，白天的工作完成质量特别好。几年过后，这些人的职场发展都很快，都在相当短的时间里成了公司的中坚力量。但也有自学能力很差的人，他们不仅自学意向低，就连工作时间也不愿意去学习。其中有个人就因为工作上手太慢，自学意愿太低，最终很遗憾地没能通过试用期。

这一段在创业型公司的经历也帮助了我在两年后成功地跳槽到了互联网"大厂"，完成了我最初的"大厂"梦。

在创业型公司这两年的经历让我充分认识了自学的重要性。所以后来很多人向我咨询职场问题和职场困惑的时候，我都会建议他们通过自学解决这些问题。实际上，很多人面临的职场问题，像无法进入想去的公司、晋升慢、不受领导的重视等，究其根本的原因还是在于个人能力的欠缺。

因为喜欢所以擅长，
这样才能取得成果

如何成为学习高手

大部分人都是在抖音上认识我的，在2019年年末我正式开始运营自己的抖音账号，到现在差不多三年的时间，已经拥有了300多万的粉丝。其实我很不喜欢被人叫作网红，看过我抖音的人应该都知道，我是一个专注于分享学习方法和职场感悟的知识博主。做抖音的初衷也是想帮助更多人可以更好地学习以及更好地进入职场。

在很长一段时间内，我都是用业余时间去做自媒体账号的。那段时间的节奏是白天在互联网"大厂"上班，晚上回家写脚本、录视频、剪视频。很多认识我的朋友都在问："你是不是背后有一支团队在支撑你呀？"我只好耸耸肩说："并没有，所有的一切都是我一个人在做。"

在我刚开始做抖音的时候也遇到了很多问题，视频的内容没人喜欢，视频不知道该如何录，视频的点击数据很差。这时候自学能力真的帮了我大忙，通过自学，我学会了视频剪辑，研究了数十个抖音优秀博主的视频，慢慢地也总结出了自己的方法论，也收获了更多人的喜欢和关注。

在运营自媒体账号的过程中，我逐渐地认识了更多各行各业优秀的小伙伴，让自己拥有了更多的合作和提升的机会。

随着短视频平台的兴起，越来越多的人有了自己的自媒体账号，大家在从事着自己原有行业的同时，也通过自媒体平台让更多人认识了自己，为自己带来了更多的机会和可能性。所以在这个时代，拥有自己的自媒体是一个非常重要的事情，它就像你拥有了一个扩声器，可以让你的优点和发光点被更多人看到。

可能会有人疑惑，做自媒体这种副业不会影响到自己的主业吗？做自媒体会不会让公司觉得我没有用尽全力工作呢？我的答案是："不会。即使会，也值得。"一次，我去参加了一个自媒体小圈子的聚会，其中有个自媒体人的发言就很好地回答了这个问题。这个自媒体人在做自媒体之前是一个传统行业国企的员工，一直秉着循规蹈矩的思路工作，拒绝了很多做自媒体的机会以及其他人的合作。虽然经过几年的努力，他已经成了这个行业比较有知名度的专家，但仍然局限在自己的小圈子内。后来他想明白了，开始做自己的自媒体，很快他的专业能力就受到了更多人的认可，也有了更多发挥自己才华的机会。所以，在个人IP盛行的时代，我们不仅要有自己的一技之长，也要有足够大的平台展示自己的才华。

通过我运营自媒体的过程来看，拥有自学能力是一件非常重要的事情。自学能力可以帮助你快速地进入一个行业，快速地在这个行业里成为专家，也可以帮助你融会贯通地跨行业发展，综合打造自己的职场竞争力。

4个关键点，让你成为
备受追捧的人生赢家

如何成为学习高手

人这一辈子只有一个长期职业——做学生。

我非常相信一个道理，如果你想完成一个大的目标（比如提高自控力、实现财富自由、提高自学力等），首先你要做的是能够清晰地给自己的目标下一个定义。举个例子，在我读书的时候就经常在网络上看到"财富自由"这个概念。但对于"财务自由"究竟是什么，我完全没有概念，只是知道这是一个大家都向往的状态。是赚更多钱吗？是有更高的工资吗？好像都不是。

直到我在李笑来老师的专栏里看到他对于"财富自由"的定义之后，我才恍然大悟。也正是他通过清晰地给"财富自由"这个目标做了概念性的解释，我才理解应该如何向财富自由努力。李笑来老师对于"财富自由"概念的定义是：某个人再也不用为了满足生活必需而出售自己的时间。所以财富自由既不是赚更多的钱，也不是争取更高的工资，而是如果你现在完全不工作，你的资产给你带来的收益也可以完全满足你日常的生活成本，那你就可以不为了生存而工作，你可以完全按照自己的爱好和兴趣去工作。

那职场人的自学力是什么呢？我是这样定义"职场自学力"：面对未知领域，可以从海量知识中筛选有效知识，将有效知识内化为自己的方法论，并且可以对外输出的能力。

仔细再读一遍这个定义，你会发现这句话涵盖了四个关键点：

1.面对未知领域：在职场，你会经常面对很多未知领域，包括你所在行业的未知领域和跨行业的未知领域。

2.从海量知识中筛选有效知识：能够找到未知领域的海量知识是一种能力，能够从海量知识里面筛选出对自己最有价值的知识，是一个更高阶的能力。想要在职场中拥有强大的自学能力，这两者缺一不可。

3.将有效知识内化：筛选出的有效知识需要通过体系化和系统化的内化过程，才能成为能够指导你接下来工作的方法论。

　　4.对外输出的能力：衡量你是否成功掌握一个未知领域知识的唯一标准，就是你能否再教会另外一个人这个行业的知识。

人生逆袭的
3个核心算法

如何成为学习高手

如果你还是一个在校大学生，我可以很负责任地跟你讲，现代职场跟你想象的不一样。

1.大学教育与职场要求的鸿沟。

无论你现在就读的是哪个专业，你在大学所学的知识都远远落后于现代职场的要求。就拿我所在的互联网行业举例，我担任的产品经理这个岗位，在大学里是没有对应专业的，所以在各个公司担任产品经理的人原本的专业也各不相同，有的学工业设计，有的学生物，还有的学金融。这就意味着大学的教育只能给你基础的思维能力和学习能力，不能让你成功地进入职场。

即使你学的是法律、医学这类偏传统的学科，你在大学所学的知识也往往落后于目前行业通用的解决方案。这是因为时代更新的速度超越了教育更新的速度。

大学所学专业与职场要求之间的鸿沟，需要靠"自学力"来补平。

2.快速变化的职场分工。

随着科技的快速发展，很多传统行业会在很短的时间之内被新兴产业所替代。比如我有不少读传媒专业的同学，在大学时学的是电视媒体的专业，但毕业之后才发现，电视媒体行业的优秀人才都去了短视频领域。再比如我在上一家互联网"大厂"从事的人工智能产品领域，也是最近十年才兴起的行业，极少有大学能够创办人工智能专业。而且这些新兴行业的收入水平也普遍比较高。那刚毕业的"小白"怎样才能进入这些新兴行业呢？只能通过自己的"自学力"了。

3.学不完的新技术。

即使我们成功地进入了一个行业，开始在这个行业里摸爬滚打，我们也会发现，每一年都会遇到新的困难。在我做产品经理的这些年里，每一年都要学习新的知识。第一年要学习基础的产品设计思路，用户调研方法，产品迭代方法；第二年要继续学从整个产品设计角度的产品迭代和更高级的定性定量分析；第三年要学如何对接项目，如何跨部门打交道，等等。这个过程中如果没有"自学力"在背后支持，真的很难在职场有快速的发展。

帮你提高记忆力的方法

不得不承认，在大多数时候自学是一个痛苦的过程。现在回忆我那段每天晚上10点多下班回到家，一个人对着电脑上网课的经历，仍然能感受到自学过程的孤独和记忆过程的痛苦。幸运的是，通过阅读一些脑科学的书籍，我发现我们可以利用大脑的一些机制来提高自学的效率和效果，从而让自学的过程更轻松一些。

让我们一起玩一个有趣的游戏。

给你一串电话号码让你记住它，号码是8-5-4-8-9-1-0，试一试自己多久能背下来。

还是这一串电话号码，我们换个方式记忆，85-48-91-0，有没有发现记忆的时间缩短了？

当我们把数字两两分为一组时，我们其实就创造了"记忆群组"，也就是通过把事物和信息进行组合，从而提高记忆效率和减少记忆负担。"记忆群组"这个概念是普林斯顿大学的乔治·米勒提出，当我们在运用高级的认知能力时，可以通过惊人的联想能力对外界信息进行单元组合。

再举个"记忆群组"的例子,当我提起腾讯的时候,你知道我在说国内那个顶级的互联网巨头,但你脑子里还会浮现QQ、微信、《王者荣耀》,会浮现出一个企鹅的轮廓,甚至会出现一个你许久没联系的QQ好友。而这些信息你并没有刻意地去记忆,但你的大脑会自动把它们组合到一起。通过一个事物可以联系到多个事物,这很像我之前从事的知识图谱领域的图谱表达。

"记忆群组"其实是人类大脑进化出来的一个超强的能力,它可以让人类通过最少的记忆时间记住更多的事情。而且随着年龄的增长,经历的事情越多,对于事物联系理解的加深,进行记忆群组的能力也就越强。通过对于不同事物的理解,将更多事物建立联系,构建属于自己的"记忆群组",也就是"自学力"背后的大脑机制。

在我们自学的过程中,可能会遇到很多难以理解的新概念。如果我们还按照读书时的思路去死记硬背，不仅效率会很差，还会容易忘掉，没办法内化成自己的理解。但通过跟已有的事物建立联结，就可以非常快速地理解事物的逻辑。比如在我刚担任产品经理的时候，那会儿刚开始学习如何进行用户调研，我让自己只去记住"用户调研"这一个概念，接着基于这个概念向外延伸，比如用户调研又分为定性分析和定量分析，定量分析又可以延展出问卷调研、A/Btest、埋点分析等。基于这样一个概念的延伸，帮助我快速了解了一个新的概念，也帮助我在工作中真正遇到需要用户调研的时候，对于概念有了全新的认知。

受到"记忆群组"的启发，在我们自学的过程中，首先需要见识更多新领域的事物，并且将新领域的事物与大脑中已有的事物建立联系。就像一只蜘蛛不断织网一样，不断把更新的知识与已经构建的网络建立联结。这样的自学方法是我自己认为最高效也是记忆效果最好的办法。

第二章

突破阶层的
八个思考

HOW TO BECOME

A GOOD

LEARNER

....

迷茫是因为
想得太多，做得太少

如何成为学习高手

韩寒说："移动的人永远比固定的人更迷茫。"

在我做自媒体的过程中，我曾与不少大学同学聊天，他们有些人成绩很好；有些人很独立，大学时经常去参与一些学校工作和实习。但是聊到最后，我似乎总能得到一个信息是——他们有些迷茫。

有个同学曾跟我说："我突然发现大学都要过完了，可我的专业却不是自己喜欢的，眼看就要找工作了，我都不知自己到底喜欢什么？能做什么？"

其实很多时候，迷茫就是来源于自己对未来的不确定性。不知道自己的优势是什么？不知道自己适合做什么？甚至很多人被时间逼得没办法，就随便找了个专业对口的工作。几年后反过头来想转行，却已经是难上加难。

曾经有个做产品经理的同事，本科是计算机专业，毕业后到了互联网公司。他学历不错，能力也不错，按道理来说应该会发展得很好。可跟他共事的那个阶段，他每天都无精打采，工作也提不起热情，一到下班的时间立刻就走，绝不多待一分钟。所以虽然他的各方面能力都属于比较优秀的，但他在职场中的进步却很慢，无论是自己能力的提升还是职位的提升。

后来有一天下班后我们一起吃饭，他跟我说了自己对工作没有热情的真正原因，他根本不喜欢互联网行业。一开始听到这句话的时候我是很震惊的。我问他如果你不喜欢互联网行业，为什么本科要学计算机专业？为什么毕业之后就直接来了互联网公司，而且从事了这么久。他说："因为我也不知道我喜欢什么。"

"不知道自己喜欢什么"是我做自媒体之后，在后台看到的最多的问题，而且面临这样问题的不只是在校的大学生、应届生，还包括已经工作了几年的职场人。因为不知道自己喜欢什么，不知道自己适合干什么工作，所以很多人的第一反应就是去选择那些看起来工资高一些的行业，然后每天"熬日子"，这样的人提升速度自然很慢。

当我们去深究这个现象背后的原因时，大都会追溯到自己高考后的志愿填报。这样就又牵扯到了另一个问题：你的高考志愿是自己选择填报的吗？

至少我当年的高考志愿就不是我自己选择的，因为我并不知道自己未来喜欢做什么，于是我爸就说："如果不知道学什么，那就学金融好了，因为无论以后做什么，掌握金融知识都是大有益处的。"但当我真正进入厦门大学，开始攻读财政学的时候，我才发现自己是多么不喜欢看数字和报表，更别说那些复杂的金融公式和数学定理了。

进入不适合的行业
要立即回头

如何成为学习高手

对于一艘没有航向的船来说，任何方向的风都是逆风！

之前我反复强调"自学力"的重要性。但在我看来，在我们真正开始提高"自学力"之前，更重要的一件事是要想明白"你的方向和热爱是什么"。其中的道理非常简单，自学是一个孤独且漫长的过程，除非你对于自己正在从事的行业有足够的热爱，否则你即使掌握了再多的技巧，也无法从根本上解决自学时的孤独和迷茫感。

所以在我刚上大一的时候，我突然意识到一个很严重的问题——我不喜欢金融行业，但我也不知道自己喜欢什么。这个问题我在之前从来都没想过，也没人告诉过我要想这个问题。所以从大一开始，我就开始寻找自己真正喜欢的行业。非常幸运的是，在大一即将结束的时候，我突然想明白自己真心喜欢的是传媒行业，也从那时候开始我决定要开始努力，让自己毕业的时候有机会进入传媒行业。于是读研的时候我转了专业。

当代职场跟我们父辈的时候必然是不一样的，尤其是近些年，我们所有人都在追求速度，导致职场的节奏也变得非常快，无论是工作内容的变化还是工作本身的更新迭代，都是非常快速的。就拿互联网行业举例，我现在担任的人工智能产品经理的职位，这个职位在十年前是根本不存在的，甚至十年前根本没有人工智能产品出现。现在的职场中，已经没有人可以躺在自己以前的工作经验上一劳永逸，所谓"铁饭碗"的日子已经一去不复返了。那么在这样一个高速发展的社会中，选择一个自己喜欢的行业，就显得更加重要了。只有做着自己喜欢的工作，你才能一直保持学习的热情，才能适应职场中的那些随时会发生的变化。

在职场中，我们经常会看到一些曾经非常优秀的人，学历看起来非常耀眼，但却表现平平。他们之中大多数都是因为对于所做工作的不喜欢，导致他们很难在工作中真正提起兴趣。有的人领悟得比较快，及时地换了喜欢的行业，迎来了更好的发展；而有的人一直没有意识到这个问题，在一个不喜欢的行业里浑浑噩噩地混日子，最后浪费了自己大好的才华和时光。

找到适合
自己的行业

如何成为学习高手

相信读这本书的朋友有相当一部分还在读书，所以在分享如何找到适合自己的职业之前，还有个更重要的问题——如何找到适合你的专业。或许你现在已经在大学里读着一个自己不喜欢的专业了，但这并不影响你开始思考自己究竟适合哪个专业。毕竟你可以通过转专业、辅修、双学位甚至跨专业读研的方式来改变自己的人生方向。人生最重要的从来不是你现在的处境，而是你是否已经下定决心去改变现状。我分享一下我当年高考后选专业以及大学换专业的故事吧。

我是在2012年的时候参加的高考，当年高考成绩660分，在山东省这个成绩不算很高也不算低，所以当年非常困扰我的问题就是，读哪所学校、读哪个专业。跟大多数人一样，我高中也是只知埋头学习，根本不知道自己喜欢的专业是什么，以后该去做什么工作。所以当年我爸爸就跟我说，如果你想不清楚自己以后要做什么，那你本科去读一读金融吧，因为无论你以后是否从事金融行业，懂一些金融知识都是你未来生活会一直用到的。你无论在哪个行业，都要管理自己的资产，学会理财，学会投资，学会避免被别人用金融方式欺骗，有百利而无一害。所以我听从了爸爸的建议，去了厦门大学经济学院就读了财政系。现在回头来看当年的专业选择，算是一个比较好的选择了。就算我现在从事互联网行业，我也比其他人更懂一些金融的知识，更容易通过投资来获取更多的额外收益。

所以我给大家的第一条建议是：如果你不清楚自己喜欢什么专业，那你本科就去学那些基础学科。比如说数学、物理、金融、计算机、中文等学科。

在西方的顶级大学，本科生是不可以选择特定的专业学习的，大学本科要学习很多不同领域的学科，比如哲学、数学、语音学等，其实就是培养这批顶级学生跨专业的能力，这也是西方教育常说的博雅教育。这批人进入职场后也非常厉害，可以跨行业地进行创新，往往比那些单一领域的人才更有创造力。

可能有人会问，数学、物理这些专业我以后生活哪里会用得到？从表面来看，如果你不从事研究领域，你大概率用不到数学的高级知识。但是数学培养你的更多是底层的思维框架，我认识的很多在金融领域做得很好的朋友，以及在计算机领域非常厉害的"牛人"，他们本科很多都是学数学和物理的。他们因为掌握了数学的底层框架，再学习金融或者计算机方面的时候都非常得心应手。因为数学就是解释我们这个世界的底层逻辑。

接下来一个问题就是：如果你上了大学，发现自己精挑细选的专业并不是自己喜欢的，或者因为调剂而去了一个不喜欢的专业该怎么办？

我给你的第二条建议就是：在学好自己本专业的同时，努力去找到自己真正喜欢的专业是什么。

上了大学发现专业不是自己喜欢的，这个事情太常见了，在我发现自己不喜欢金融学的时候我用了两个措施来纠正，第一个措施是努力学好本专业，保证成绩中上游；第二个措施是寻找自己真正喜欢的专业，通过转专业的方式去学自己真正喜欢的专业。也正是通过这两步，我从本科的财政学，到研究生学习新媒体管理，实现了从金融专业到传媒专业的迁移。

最后重点说一说如何找到自己喜欢的专业，其中非常重要的一点就是开放的心态。我在大学的时候用开放的心态参加了很多与本专业并没有关系的活动和学生组织。这些组织中有一个叫"厦大青年"的，它主要是负责校内的媒体宣传，包括同名的报纸和电子期刊。所以我从大一开始，就是一名小采编，采访同学并且写新闻稿。三年下来，大三的时候我成了"厦大青年"分管新媒体部门的副主任。也就是在这段过程中，我真正地意识到，相比于金融学，我更喜欢新媒体和互联网的内容，我更喜欢通过线上线下的活动让同学和商家共赢。于是我坚定了毕业后进入互联网行业的决心。所以大学真的没必要排斥参加学生会或者社团，你在网上看到的很多对学生会的吐槽，只是因为他们没有能力在学生会里做好，给自己的失败找的借口而已。

只有先尝试去做，
机会才会到来

如何成为学习高手

我们到底怎么样才能找到自己喜欢的行业呢？我个人把它分为两个要点：前期无限尝试，后期及时探索。

比如我大学是金融专业，但是毕业后先是进入互联网行业，到现在则是在人工智能领域耕耘。能有这样的经历，都要归功于我大学时期和工作前两年做的两件事情。

第一件事情是我心态很开放，喜欢做各种尝试。因为从大一开始我就知道自己不喜欢金融行业，但又不确定自己适合什么行业，所以就由着自己的兴趣参加了很多与本专业没有关系的活动和组织。

所以我建议大家在还有时间成本的时候，多去尝试，也许一个偶然的小机会就会让你找到自己真正热爱的事业。

第二件事：在我正式工作的第二年，我去做了一份MBTI职业测试。因为工作前两年一直在传统互联网公司，两年后就遇到了瓶颈，感觉传统互联网行业发展空间还是比较有限。当时思考了很久也没有结果，于是去做了一份职业性格测试。

测试之后我恍然大悟。当时测试的结果告诉我，我的职业性格属于ENTP，也就是智多星类型。与我性格相似的明星是小罗伯特·唐尼，就是钢铁侠的扮演者。我这个类型的人最大的特点是喜欢创新，不喜欢循规蹈矩，而且适应力很强。所以这就更坚定了我要选择一个创新更多、机会更多、挑战也更多的行业，也就是现在的人工智能行业。目前来看，我的这个选择还是不错的。

虽然这个测试并不能给你十足的建议和方向，但是能够让你清晰了解自己的工作性格和优势，然后基于你的优势去找到最适合你的职业方向。比如让一个理智型的人才去做学术或者技术，获得成功的概率就会比搞艺术大得多。

所以，了解自己要趁早，越早找到自己的优势所在，就能够越早进入工作的正轨中去。

我们的工作岗位
需要思考吗?

相信大多数人小时候都被长辈们问过这样的问题：长大了你想做什么呀？

那时我们的回答基本分成两派："志向远大派"，为了讨长辈的欢心，说出一个致力于造福全人类的远大职业；另一派则是"放飞自我"型，什么想法都有，天马行空，比如我猜正在看书的朋友中一定有因为喜欢吃零食，而说出"想开小卖部"的人吧。

那时候我们还不知道，这个问题在我们长大后居然成了一个"灵魂拷问"。翻译成更现实的问法就是——你适合什么岗位？除了少数目标明确或者喜欢随波逐流的人，大多数人都是从自己职业生涯开始前，一直到工作的前几年，都不断地问自己——我到底适合什么工作。

在回答这个问题之前，我们首先需要了解的，是大公司一般会有哪些岗位的划分？

以腾讯的岗位划分体系为例，腾讯职级体系分为6级，最低1级，最高6级；按照岗位类别又划分为4个序列——P、T、M、S。P序列是指产品／项目通道，比如产品经理和项目经理的岗位就属于这个序列，我在目前供职的百度就是P序列；T序列是技术通道，大部分的程序员都属于T序列，所以做技术的朋友可能听说过业内很多技术"大牛"又被叫作"高T"，就是从这儿来的；市场方向走的是M序列，比如销售、商务之类的工作；职能方向走的是S序列，像是行政、财务、人力资源部之类工作。

百度的岗位体系划分与腾讯类似，分为P、M、U、B、T五个序列，分别对应的是项目序列、管理序列、设计序列、商务市场序列和技术序列。

了解完公司的职级划分，下面咱们就来看看你适合哪个岗位。

首先，由于不同岗位的工作内容不一样，所以它们要求的基础能力也各不相同。具体来说，P序列的岗位（比如产品运营、产品经理、项目经理等岗位）比较适合共情和沟通能力比较好，拥有一定的审美能力，同时也比较希望在专业能力上能有发展和侧重的人。

产品经理或者项目经理最主要的责任可以分为两部分。对外，需要收集用户需求，然后将用户需求转化为工程师可以理解的产品方案。这个过程就需要比较强的共情能力，既要能够知道用户想要的是什么，又要知道怎么跟工程师传达。对内，产品经理和项目经理们需要协调内部的研发、运营资源，通过跟各部门协调、沟通，让自己设计的产品可以快速地上线，并且能够满足用户的需求。同时，在产品设计这一部分，产品经理兼具着把关的工作，要想提出建设性的意见，就需要具备一定的审美修养。

接下来说 M 序列，腾讯的 M 序列或者百度的 B 序列，就是销售岗位，比较适合交际能力强的人，我们身边一定都有很外向、很自来熟的朋友，他们跟谁都能聊起来，也特别喜欢交朋友，这样的人就很适合这个岗位。而且销售岗位对于一个人的能力要求也比较高。一方面，搞销售的人需要通过不断扩大自己的人脉网，为公司拓展客源，卖出更多产品；另一方面，还需要通过推进能力，让客户最快速地付款，从而提高公司资金的流动率。

T序列也就是技术序列，这个岗位比较适合科研能力比较强，更愿意在技术领域深耕的人。性格内向，不太擅长跟很多人交际的人可以考虑一下这个方向，相对来说，这个岗位对沟通和与人打交道的能力要求没有那么高。技术序列的工程师每天面对最多的，就是自己的电脑屏幕，所以你不仅要有耐得住寂寞的能力，还要有提升自己写代码能力的科研精神。

最后来说S序列，公司的行政、财务、人力岗位都归在这个序列，这些岗位对于执行力和细心程度的要求会比较高。因为S序列的工作内容比较细碎、繁杂一些，需要的能力分级相对不如前几个序列的区别大，很多时候更需要考验一个人的执行力是否准确、及时，是否细心。

前面我们对不同序列岗位的对应的能力要求做了介

绍，大家可以对照一下自己的性格喜好，以及擅长哪方面，列出来，系统地考虑一下自己更适合哪个岗位。

这里还需要特别提醒一下，如果你是想从基层员工做起，慢慢进入管理层的话，那么不管你选择的是什么岗位，都要注意培养自己的通用能力（比如你的自我学习、提升的能力，适应能力，逻辑思维能力，语言表达能力等）。通用能力的加强，会让你在职场如虎添翼。

看到这儿，可能有人会想，这些方面自己好像都还好，没有特别需要去避免的短板，但是好像也没有非常喜欢或者非常擅长的，还是有一点迷茫。

那我建议你换个角度去思考，我们可以从目标导向的视角来看：你希望自己成为什么样的人？

不要开口就告诉我你想成为世界首富（不少人是这么回答我的）。这个目标我们或许有一天真的可以做到，但在起步的时候，我们最好选择一个更容易靠近的目标。比如你实习时的部门总监，或者是某个很佩服的前辈，可以跟他们聊一聊，请教一下他们的职业路径，也许就知道自己怎样迈出第一步，选择第一个适合你的岗位啦。

总结一下：

第一，大公司的职级序列之间区别比较大，要选择适合自己的岗位，就要充分了解自己的性格以及自己想做的和擅长做的事情，这些跟你期待的岗位需求是否匹配；

第二，不太了解自己性格，或者没有明显偏向性的朋友，可以找一个目标、榜样，参考他的职场上升路径，来选择自己的起步岗位。

帮你赢得未来的3个思考

如何成为学习高手
■■■■■■■

经常会有人在我的抖音后台提出这样的疑问：

"如果我现在就读的专业已经跟我热爱的行业不对口了，怎么办？"

"大学没办法直接转专业怎么办？"

"我现在已经大四了，转专业来不及了怎么办？"

"我已经有几年的工作经验了，怎么才能换行业啊？"

我的大学本科是厦门大学财政学专业，属于经济学院，按道理来说，跟我对口的行业是金融行业，我的很多同学就去了银行、投行还有政府机关。但在我毕业的时候，我的求职方向很明确，我就想去互联网行业，而且是做产品经理。

如果仅仅从我的专业和我想去的行业来看，是完全不对口的，那我是如何一步步地进入互联网行业，并且成功地进入BAT的呢？

先跟大家明确一个问题，什么叫作专业不对口。

很多同学以为专业不对口就是我学的专业与这个行业所做的事情不一样。这其实是一个很常见的误区。

比如说你本科学的专业是数学，你去金融行业，算不算专业对口？从职场的划分维度来看，数学对于金融其实是对口的专业，因为金融行业对于人的数学能力的要求是很高的。

再举个例子，比如你本科学的是工业设计，你毕业想去互联网行业做产品经理，算不算对口？这其实也是对口的。

所以记住一个简单的原则，看专业是否对口，看的是这个行业的岗位对人才能力的要求，与大学专业学习的主要能力是否一致。

按照这个标准，我的财政学其实跟互联网行业的产品经理就是完全不对口了，因为产品经理要求的更多是设计能力或者是对于代码的基础理解能力。

那我是如何一步步地走入一个不对口的行业中的呢？

跟大家分享四个核心步骤：

1.先进入这家公司所在的行业，给自己一个通行证。

2.在工作中积累可迁移能力，让自己拥有核心竞争力。

3.多接触同行，争取内推机会。

4.等待时机成熟，成功跳槽。

第一条，先进入这家公司所在的行业，给自己一个通行证。对于应届生来说，想进入一个专业不对口的行业，就不要对第一份工作有着太高的期望，比如你想去互联网行业，就别想着一毕业就去"BAT"，这是不现实的，太高的期望也会影响你的积极性。

就比如我，在最开始，并没有选择去"大厂"工作，而是选择了做一家互联网创业公司。去创业公司的门槛相对来说比较低，但是学习的空间会更充足。所以成功地进入这家互联网创业公司，其实就是成功地拿到了互联网行业的通行证。这时候我就可以说我是一个互联网人了。在拿到通行证后，后面要做的就是多学习、多尝试，提高自己的能力了。

第二条，在工作中积累可迁移能力，让自己拥有核心竞争力。仅仅只拿到通行证是没有用的，你要成为这个行业最优秀的人才，就需要努力地培养自己的可迁移能力。所谓的可迁移能力，就是指那些无论是在哪家公司都可以用到的能力。

举个例子，你在公司与同事领导之间的关系很好，算是可迁移能力吗？当然不算，因为你不能把这种好的关系带到另一家公司。通常说的可迁移能力包括专业的能力、沟通能力、演讲能力等。而在这些能力中，对于职场新人而言，最重要的就是专业能力。因为只有你的专业能力够硬，才能从小公司跳槽到大公司，才有可能实现自己所在行业平台的跃迁。

还记得我在创业公司的两年，每天九、十点下班后，还会保持一个多小时的自学，通过网课的方式来学习产品经理应该拥有的基本技能和方法论。这也让我在两年内，从一个"产品小白"，快速进阶成了一个产品团队的负责人。

第三条，接触同行，争取内推机会。这一条的关键之处在于，你的专业技能有的时候并不能保证你可以成功地去大的平台。就以我在的互联网行业举例，很多大公司的岗位都是只有内推名额的，也就是说只有通过内部人员的推荐，你才有去面试的资格。所以一定要多认识一些同行，去争取更多的内推机会。认识同行的方式有很多，比如参加一些行业论坛和行业课程，或者就从你身边的同事开始认识，说不定他们哪天就跳槽到大平台了呢。

最后一条，等待时间成熟，成功跳槽。当你前三条都认真做到了，你需要做的就是耐心等待时机的到来，然后成功地跳槽到大平台，实现自己从专业不对口到"大厂"光辉的升级。

中短期职业规划
还需要做吗？

如何成为学习高手

计划的制订比计划本身更为重要。

读完前面的部分，你或许已经找到了自己热爱的行业和岗位。但不要着急，在正式开始提高自己职场自学力之前，你还有诸多问题要面对，比如选择哪个城市？是选择大公司还是小公司？如何做职业规划……在想通这些问题之前，你很难真正地开始职场自学过程。或者换句话说，想明白这些问题就是考验你自学力的第一关。在所有问题中，最核心的问题就是：如何制定属于自己的职业规划？

为什么我们要进行职业规划？关于这个问题，网络上有一篇文章讲得很透彻：哈佛大学有一个关于目标对人生影响的跟踪调查。调查的对象是一群智力、学历、环境等条件都差不多的大学毕业生。调查的结果是这样的：

第一类人：27%的人，没有目标。

第二类人：60%的人，目标模糊。

第三类人：10%的人，有清晰但比较短期的目标。

第四类人：3%的人，有清晰而长远的目标。

25年后，又分别对这些人进行了跟踪统计，结果让人震惊：

那些3%的有清晰且长远人生规划的人，25年来几乎都不曾更改过自己的人生目标，并且为实现目标做着不懈的努力。25年后，他们几乎都成了社会各界顶尖的成功人士，他们中不乏白手创业者、行业领袖、社会精英。

那些10%的有清晰短期人生规划的人，大都生活在社会的中上层。他们的共同特征是：那些短期人生规划不断得以实现，生活水平稳步上升，成为各行各业不可或缺的专业人士，如医生、律师、工程师、高级主管等。

另外60%的人生规划模糊的人，几乎都生活在社会的中下层面，能安稳地工作与生活，但都没有什么特别的成绩。而那些没有目标的人，几乎都生活在社会的最底层，生活状况很不如意，经常处于失业状态。

从我的职场经验来看，那些发展较好、较快的人，都是有着比较清晰的职业发展规划的。原因很简单，明确的职业规划就像我们读书时的学习计划表，有了明确的规划之后，我们就知道在以后每个阶段的发展重点是什么，也因此更加有目标感，从而避免了初入职场的迷茫感带来的浑浑噩噩。

那大学生、应届生或者初入职场的你该如何做好自己的中短期职业发展规划呢？

首先我们明确一个问题，为什么今天不跟大家讲长期的发展规划？长期的职业规划一般是指十年以上的规划。对于应届生而言，长期的职业发展规划是一个不太靠谱的事情。如今职场变化飞快，你很难想象十年后会有什么样的新技术给你的行业带来翻天覆地的变化。就拿互联网行业举例，我目前从事的人工智能领域，在十年前还是一个只存在于论文里的课题，而如今人工智能已经诞生了多个估值过亿的"独角兽"。相比而言，中短期的职业规划可以更聚焦也更有指导意义。

具体而言，中短期的职业规划可以分为两个阶段，第一个阶段我把它称为探索期，第二个阶段我把它称为深耕期。

什么是探索期？很多人在毕业后的第一份工作，经过几个月后常常会发现并不是自己喜欢的事情，这时候我是很建议大家在慎重思考之后换行业的。在刚毕业的前几年，你最大的优势就是你还年轻，有着更多的机会。所以你一定要充分利用这段时间，去找到自己真正热爱的事业。之所以叫作探索期，就是要在这段时间内充分地探索，用开放的心态不拒绝任何机会，让自己有更多的尝试，也从更多的尝试中找到自己所适合的行业。

当然，这段时间也不是让大家只花时间寻找，这段时间除了寻找热爱的事业之外，还有一件非常重要的事情，那就是培养自己的可迁移技能。所谓可迁移技能，就是无论在哪家公司都可以用到的技能，比如产品设计的能力、对软件的熟练使用，或者是一些软技能，比如沟通能力、领导力等。这些技能是你在探索期最为宝贵的资产，也是你能够在多个行业中探索的资本。一般这个时期不要超过3年，最长是5年。

第二个时期是深耕期，是当你在找到自己所热爱的事业后，真正去培养自己的专业能力，在公司中做到管理者位置的时期。这段时间内，具有专业能力和管理能力尤为重要。一方面，你需要通过不断提高自己的专业能力，从而为自己的团队赋能，带领团队做出更好的产品，创造更多的业绩；另一方面，也需要通过管理能力让团队可以稳定持续地发展，让自己的能力通过团队不断放大，真正地成为公司的中流砥柱。

虽然我们每个人未必都能到达金字塔的顶端，但做好计划是为了让以后的每一步都能走得更扎实。

三个认知，帮你实现人生最优策略

如何成为学习高手

最近我收到了一些应届生的私信："猝不及防地就毕业了。面对即将迈入的职场和未来的发展方向，很多人都是满脑袋的小问号。"

其中有一个小姑娘说自己最近被一个问题严重困扰着，"马上要毕业了，身为一个年轻人，我想去大城市闯一闯，可是父母都希望我能回老家，还发动家里人来劝我。讨论了一个月，我还单方面跟父母冷战了快一周，依然没有结论，不知道怎么办好。"毕业了，去大城市闯荡，还是回家乡发展，这个问题困扰着很多年轻人。

实话实说，我毕业的时候并没有被这个问题困扰很久。原因很简单，那个时候我对自己的职业方向非常明确，就是想从事互联网行业。由此作为出发点，并选择了全国互联网公司最多的城市——北京。

反而是在北漂了两年多之后，由于自己有了更多生活、工作上的经历和感受，反而对这个问题的思考有了一点点新的变化，或者说动摇吧。

　　首先，北京有更多的机会，也有更大的压力；可以结交更多的人，却少有知心的朋友；有着比较高的收入，但也有更高的消费。当我躺在出租屋的床上，看着自己的工资单，感慨自己即使不吃不喝几十年，大概也很难在这里买上一套房子的时候，突然觉得自己很难在这座城市找到归属感。这个时候也是最想念家乡的时候了。

　　不只是刚毕业的应届生，即使是那些在职场中闯荡了几年的年轻人，这也是一道相当难的选择题。但对于这一道人生必选题，我们应该如何根据自己的实际情况进行选择呢？从我个人的经验来说，可以从三个方面来衡量。

　　首先，我们要明确自己的职业发展方向——我们想要从事的是什么行业？

　　如果你想从事新兴行业，比如新能源产业、人工智能领域或者互联网行业，大城市一定是你的最优选择。因为这些新兴的行业，几乎都是从一线城市开始发展的。一线城市有更多发展新兴产业的公司，我们经常说的"大厂"几乎都在一线城市。在那里你可以有更多的工作机会，可以接触到更前沿的技术，结识更优秀的前辈、同行，可以站在更高的起点，去追求更广阔的发展空间。这些都是很多人的家乡提供不了的条件，以我所在的互联网行业为例，想一想咱们的家乡里具备互联网属性、规模还可以的公司，能数出几家，你心里就有答案了。

如果你想从事的是更需要创意、活力和新鲜感的工作，一线城市绝对是你的最优选择。你可以在这里接触到各个领域的最新信息，哪怕现在已经是互联网时代，也不是所有信息都能同步体验的。不同主题的博物馆，不同领域的讲座、沙龙，和几乎每周都在更新各种展览的美术馆，总有新的内容能刺激你的创意；更开放、包容的环境，更有开拓精神的氛围，总能容下你的各种奇思妙想、心血来潮和一腔热血。夏天的晚上，你回家途经的广场上可能就有自弹自唱的少年，哪怕只有一支话筒、一个旧音箱，他也拥有自己的观众，会站在旁边认真听他唱歌，为他鼓掌。

第二点，我们要充分了解自己的性格，不同的性格适合在不同的地方发展。如果你是一个爱冒险的年轻人，喜欢新鲜感，喜欢向前冲，新的挑战总会带给你更多的动力和激情；如果你是一个爱自由的年轻人，希望充分发挥天性，不喜欢被过度约束，不喜欢距离长辈太近总是被管教；如果你是一个有个性的年轻人，习惯不走寻常路，不想走大多数人都走的路，不想遵循大多数人都在遵循的约定俗成；如果你是一个更独立、更自信的年轻人，小小的挫折不会打垮你，单枪匹马也不会让你害怕……如果你是这样的人，那一定是大城市会更加适合你。

这里人很多，但每个人都很忙，他们也许没空帮你，但也没有闲心管你。你可以学的东西很多，也可以享受更多便利，如果你凌晨两点饿了，有24小时的便利店和勤劳的外卖小哥可以让你填饱肚子；这里的冷漠也是自由，这里的简单也会孤独，这里的冒险更会带着惊喜。

如果你是一个个性沉稳的人，更喜欢细水长流地默默耕耘，喜欢按部就班、熟能生巧，喜欢亲人聚在一起的温暖，也不排斥被家长里短环绕，更擅长的是人情世故，更向往的是知足常乐……我会建议你回家乡。

可以选择一个偏向传统行业和稳定的"铁饭碗"，比如体制内的工作、做一点小生意，不要给自己太多压力，随时可以跟小时候的玩伴约个午餐，晚上回父母家陪他们看看电视，生活既安稳又惬意。父母、爷爷奶奶甚至更早时候积累下的人脉，也足以让你在这样的照拂下过得很舒服。

人生不是必须志向远大，让自己活得更舒服一点，也是很好的选择。

前面两点都需要我们更了解自己。

第三点，需要我们稍微跳出来看看周围。

很多朋友犹豫要不要回家乡，都有个共同的原因——父母希望我回去。

"父母在，不远游。"

这是我们许多中国人根深蒂固的思想。

当我们在考虑去大城市还是回家乡的时候，这也是一个需要被认真思考的因素。

如果你的父母年纪还不算大，身体硬朗，他们想要你回去更多的是想照顾你，而不是需要你的照顾，那你可以更多地考虑前面的两点，而你所要做的，就是自己想清楚，然后好好跟父母沟通；如果你的家境没有那么优越，父母靠省吃俭用供你读书，那我还是希望你勇敢去大城市闯荡，拼尽全力，在大城市学习、积累。不要着急回去，守在父母身边一起过清贫的生活。给自己一点时间，给未来一点时间。

但无论你怎么选择，不要因为年轻而疏忽了跟父母的联系，很多遗憾不是因为选择出去闯荡，而是错过了关键的时间点。有事没事打个电话回去问候一声，得空儿常回家看看。

总结一下，如何判断自己更适合去大城市闯荡，还是回家乡发展。

三个方面：

第一，你要从事什么样的行业？

第二，你是个什么性格的人？

第三，父母是否需要你的贴身照顾？

任何选择都是有利有弊的，选择了你要的，就要承受相应的代价。

从经济学的角度来说，获取我们要的利益，就要付出相应的成本。把这些因素都拿出去，利用收益成本模型来判断，争取用最小的成本，换取最大的利益。这么想是不是会简单一点？

如果你还是觉得难选，年轻就是最好的资本，最坏的结果无非是浪费一点时间。年轻人可以先去大城市闯荡试试，觉得不适合再回家乡继续努力！希望你深思熟虑，决策果断，如愿以偿。

做选择之前要
建立自己的收益模型

如何成为学习高手

毕业后到底应该选择大公司还是小公司？

相信大部分人都被这个问题困扰过，还记得我之前分享过的，在2017年求职的时候，我曾经历了比较漫长的"Offer空窗期"。但后来经过我几个月的自学，最后还是收获了不少互联网公司的Offer。在当时的那些Offer中，有两个Offer困扰了我很久。一个是腾讯的产品Offer，一个是一家法律互联网公司的Offer。这两个Offer之所以让我这么纠结，是因为这两家公司都有其吸引我的地方。腾讯不需要多说，作为当今最厉害的互联网企业之一，"大厂"的光环是我所期待的。而另一家法律互联网公司更吸引我的是它的创业气氛，公司里年轻人居多，比腾讯这种"大厂"更有活力，也更扁平化。而且法律互联网是一个新起的概念，会让当年的我有更多的想象空间。

如果是你，你会怎么选择呢？

我当时选择了那家互联网创业公司，因为我不想一毕业就成为大公司的一颗螺丝钉，我想全局地学习一个公司完整的经营模式和商业模式，接触更多不同的岗位职责，也认识更多的拥有不同能力的人。

实际情况如何呢？在这家法律互联网公司的两年，也是我成长特别快的两年，在这两年我做过很多不同的事情，除了本职的产品经理，我还做过产品运营的工作，轮岗做销售期间还做了一百多万的业绩。甚至还做过公开课的讲师，给上百个律师讲过线下的公开课。在这段时间，我锻炼了自己多个领域的能力，让自己有了更快的进步。

插一句题外话，我建议所有看过我的书的人，如果有机会的话，都可以去尝试做一段时间的销售。做销售的过程是一个完全不一样的过程，我们每个人都应该学会如何做销售，学会如何推销一个产品、推销一个理念，甚至推销自己，这是一个非常厉害的技能。很多专业能力很强的人，经常会陷入自己的专业中无法顾及到用户需求。这是因为他们缺失了销售能力，这样的人即使专业能力再强，也很难做出更加伟大的事业。在这点上，我们必须佩服马云的能力，他成功地把自己"天下没有难做的生意"这一个观点，推销给了全世界的人。

这是创业型公司带给我的成长，但创业型公司也有它的弊端，其中最大的弊端是它们在专业能力培养上的欠缺。在这家公司的两年中，所有的产品经理所需要的技术的学习，我都是通过自己工作后的时间完成的，我通过自费报名课程，用自己业余的时间去学习，保证了自己的专业能力可以与行业同步，于是才有了我两年后的跳槽。

所以如果你是刚毕业的应届生，正在面临选择大公司还是小公司的问题时，我给你的建议是，你先问一下自己是否有足够强的自学能力和自律能力，从而保证自己在创业型公司也能持续不间断地自学。如果你没有这种能力，那么我建议你毕业后最好去大公司，因为大公司往往有着成熟的培训和成长体系，能够让你在毕业后的前几年，在专业能力上处于行业中比较好的水平。

当然，关于这个问题的选择还有很多，比如有的人很想创业，那么去创业型公司能让你对于公司运营有全局的了解。有的人比较希望安稳地发展，那么去大公司能让你学会大公司明确分工下的处世之道。

总结一下，与之前提到的重点一样，你需要提前建立自己的成本收益模型，无论如何选择，只要让自己的成本收益最大化即可。

第三章

成长的两条捷径：
深度思考和持续学习

HOW TO BECOME

A GOOD

LEARNER

多内容输入:
直击本质，一通百通

如何成为学习高手

设想一个场景：今天是周一，刚毕业的你收到了一家心仪公司的面试通知，面试时间是本周五，这意味着你最多还有4天的时间进行面试准备。这家公司是你非常喜欢的公司，你很渴望能够完美地通过这次面试。但问题是，作为一个刚毕业的应届生，你对于这家公司所处的行业知识知之甚少，你很害怕面试的时候一问三不知。为了得到这个Offer，你决心开始努力准备。现在对你来说最应该做的事情是什么？

A. 深入研究这个行业的几个常见问题；

B. 广泛地搜索这个行业的基础概念并进行记忆；

C. 研究这个行业最新的议题和最新的技术概念。

这个问题其实就是在我决定进入互联网行业时遇到的最头疼的问题——我对于互联网行业一无所知。抽象一些说，这也会是你在学习任何未知领域或跨行业自学的过程中会遇到的问题，我该如何开始自学？在我们真正开始自学的时候，找不到入手点是一个非常可怕的事情。就好像你面对的是一个完全没有概念的

"虚无"，这个"虚无"明明就在你面前，像一个球体一样不断地旋转，但你始终进入不了这个未知的领域，只能站在外面远远地看着。

就像所有的学习过程一样，自学的第一步是输入，也就是要把该行业的知识输入到自己的脑子里，并且让这些知识内化为自己的理解。

在职场中的自学只有输入是远远不够的，一个有效的自学应该是一个循环，而这个循环通常分为三步：输入、输出、反馈。从未知领域的知识输入开始，进行知识的内化理解；接着对于内化的知识进行输出（包括工作输出、演讲、写作等）；然后基于输出的过程获取外界有效的正面或者负面反馈；最后基于反馈再开始新一轮的输入，依次循环。

要拥有高效自学力就需要有一个快速的输入过程，所以回到本章开篇的那个问题，我的答案是 B ——广泛地搜索这个行业的基础概念。我也把它称为"多内容输入"，这是快速输入的第一原则。

　　还记得我之前跟大家分享的一个概念吗？如果你想完成一个大的目标（比如提高自控力、实现财富自由、提高自学力等），首先你要做的是能够清晰地给你的目标下一个定义。那让我们理解一下"多内容输入"这个概念。这个概念包含两个关键点：广泛的搜索、了解基础概念。

广泛搜索:
用什么学什么, 不做无用功

如何成为学习高手

　　在我准备跳槽到某互联网"大厂"的人工智能领域的时候，我对于人工智能也是一无所知的。所以最开始的时候我的做法很简单——在"百度"里面搜索关键词"人工智能"，然后开始研究搜索的结果。注意一下我搜索的关键词"人工智能"。我没有去搜索一些比较细化的专业名词，比如：人脸识别、深度算法、知识图谱等，而是从一个非常宽泛的概念开始搜索。

　　所谓的广泛搜索很简单，就是在你刚开始自学一个未知领域的时候，不要把自己搜索的内容太限制在某一个小的领域里，比如你想学习怎么做一个产品经理，然后直接去搜索"用户调研""产品原型"等，这就是一个狭窄的搜索关键词。我更建议你去搜索一个比较广泛的关键词，比如直接搜索"产品经理""产品设计"等。

　　为什么要广泛的搜索？这是为我们框架性的自学一个未知领域打下基础，就像我之前提到的"记忆群组"。

"记忆群组"的核心就是人类大脑非常擅长处理框架性的知识。通过将多类知识进行框架性和关联性的记忆，大幅提高我们的记忆效率和记忆时长，所以通过框架性记忆是最高效的一种记忆方法。而框架性记忆的关键就是在脑海里形成知识网络。知识网络是由一个个节点组成的，要搭建这种多节点的网络，需要的是这个领域更多的知识概念，而不是有限的几个垂直的概念。

还是以我刚毕业准备进入互联网行业时的经历为例，我当时就很简单地搜索了几个关键词："互联网""产品经理""产品运营"。接着我就获取了很多概念名词，比如"产品设计""产品原型""产品调研""产品迭代""项目管理"等，这其实就是一个产品经理要做的事情的完整流程。所以当我大概理解了这几个名词之后，我就已经半只脚踏进了"门"里。接下来我就可以通过这个流程的各个节点进行拓展，比如产品迭代可以继续细分为"优先级排序""功能点迭代""功能模块迭代""版本管理"等，这就为我对后续框架性的理解打下了良好的基础。

如果在自学的输入阶段，我们就陷入某个具体的细分领域会有什么问题呢？最大的问题就是你会很快就发现你学不明白了。我举个简单的例子，如果你在自学产品经理的相关知识时，最开始就非常深入地研究"用户调研"这一个领域，随着你学习的深入你一定会发现"用户调研"的根本目的其实是为了指导产品迭代。而如果你在最开始对于产品迭代没有任何概念，你就会很难理解用户调研和产品迭代之间究竟是什么关系。你也会发现用户调研的基础是产品功能设计，如果你对于产品设计没有任何概念，你也很难理解用户调研采用的具体方法。

即使在分工非常细化的现代职场，我也建议大家在接触一个新的领域的时候，先不要聚焦在某些细分的领域或者细分的岗位上。要让自己维度更高地自上而下去看这个领域，这会让你在之后更加高效地理解这个行业的运行规律。

对于具体该在哪里搜索，这里也给大家一些小建议。最基础的是通过"百度"进行搜索。但"百度"搜索出的信息通常良莠不齐，既有比较优质的内容，也有很差的"垃圾"内容，所以你一定要多看。也可以通过百度搜索体系内的百度学术进行搜索，去查看一些还不错的学术论文（但不少论文的内容会太理论，偏离了行业实际经验）。

另外，通过微信内的搜索去搜索相关的微信公众号文章也是一个比较好的选择，不少行业头部的科普公众号的内容质量都还不错。其次，很多行业都会有一些垂直领域的论坛网址（比如互联网人会经常去看看"人人都是产品经理"这个网站），或者一些垂直领域的 App（比如互联网行业的"36氪""钛媒体"等资讯App）。只要你肯花时间，在这个时代，要找到高质量内容的网站还是一件比较容易的事情的。

用对的姿态,
精准学习

　　之所以建议大家在开始自学一个陌生领域（无论是你准备进入一个新行业，还是准备在本行业自学一个更加深度的领域）的知识时，从广泛搜索未知领域的基础知识开始，是因为我们人类的大脑更喜欢这个节奏。

　　心理学家把人的知识学习分为三个层次，分别是舒适区、学习区以及恐惧区。

　　舒适区是我们最擅长的部分，在这个部分学习的时候我们会感觉很舒服。学习区是介于舒适区和恐惧区中间的部分，在这个部分的学习过程我们不会那么舒服，会有一些压力和挑战的感觉。整体而言，这些压力和挑战是在我们掌控范围内的。最后一个区域叫作恐惧区，我们对于这个区域的知识是没有任何概念的，因此在学习这部分知识的时候，我们会本能地恐惧、反抗，从而产生非常严重的抵触情绪，比如让一个完全不会游泳的人学习游泳，那这个人最开始的时候一定会表现出非常恐惧的情绪。所以，当我们处于学习的恐惧区时，是非常不利于我们高效率学习的，可能会导致身体的焦虑以及情绪的失控。这个时候进行学习不但没有效果，对于身体机能也有一定的负面影响。现在市面上很多"鸡汤"类的文章会告诉大家要跳出舒适区，要直面未知领域。但我建议大家不要直接从舒适区调整到恐惧区，最合理的方法应该是让自己经常处在学习区，既有学习的压力，又有良好的心态。

所以当我们处在自学状态，开始去学习一个未知领域知识的时候，如何避免自己跳到学习的恐惧区，如何让自己处在学习区，是一个非常值得思考的事情。我的建议很简单，在最开始广泛地搜索未知领域的基础知识，从基础概念入手。

让我们回想一下最近一次学习新领域知识的体验吧（无论是学习新学期的课程还是学习一个跨专业的选修课），我们会在最开始的时候发现这个新的领域有很多我们无法理解的名词。明明我们认识这些名词的每一个字，但拼到一起变成一个词组的时候，尤其是放在一些学术论文里的时候，它们就变得非常难以理解。

我记得在我刚开始学习互联网知识的时候，就遇到了许多奇怪的名词，比如：定性分析、定量分析、版本管理、产品迭代、功能迭代、产品模块、导航栏、原型图、前端、后端、PRD、MRD、社群运营、饥饿营销等。当我最开始看互联网论坛文章的时候，这些名词就像天书一样出现在我眼前，我就像在做一篇 GRE（美国研究生入学考试）的阅读理解题，不知所云。这样对于基础概念完全不知道的体验是非常糟糕的，我不自觉地就产生了很强烈的抵触心理。

就像我们在初高中读书的时候，课程最开始都是从最基础的概念开始一样，我们的自学过程也要从基础知识开始。而从基础概念学起，是为了从学习区开始，而不是进入学习的恐惧区。

基于你要学习的未知领域的关键词，请先在网络上搜索相关论坛、文章、学术论文、专业期刊、公众号文章等。最开始不要做太多限制，在有限时间内尽可能多地找到相关的内容，并且一篇一篇地略读。在这个过程中，你会找到一些很优质的文章，也会看到很多质量一般的文章，你要做的是过滤掉那些比较一般的文章，保存那些看起来比较不错的文章（这类文章一般篇幅较长，逻辑比较严密，既有理论又有案例）。而且你会发现很多看不懂的文章，看到很多不理解的专业名词。不过没关系，你可以把你筛选出来的优质的文章打印下来，把看不懂的名词和内容做一下标记（就像读书的时候做笔记一样）。

框架性记忆:
提高思维逻辑与记忆力

记得在学生时代的时候总会陷入一种痛苦的"遗忘循环"，这种痛苦在高三的时候尤其明显。背完高二的知识，再回头看高一的知识，发现早已忘得一干二净。于是高三这一年就在反复的记忆—遗忘—记忆的痛苦循环中度过。

等到进入职场开始自学的时候，发现这种痛苦的"遗忘循环"变得更加严重。因为大多数人是用业余时间自学，根本没有太多复习的时间。尤其是白天工作的事情一多，脑子里更装不下自学的内容了。所以在我刚工作那会儿，自学的效率真的非常低，一个月前看完的书，再回想起来根本记不住讲了什么。这种糟糕的自学体验无论是对于自学的积极性还是对于工作的帮助都大打折扣。

为了帮助大家打破自学的"遗忘循环"魔咒，我建议大家绘制自己的思维导图，它可以说是我工作之后学会的最重要的一个工具，也是我现在日常工作学习中提高记忆效率和梳理思路离不开的工具。而思维导图背后的原理也就是快速输入的第二原则——框架性记忆。

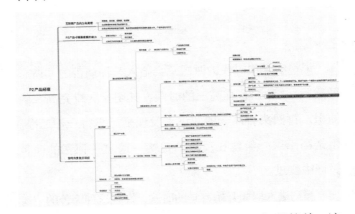

　　思维导图听起来好像很复杂，但实际却很简单，这张图就是我在学习产品经理P2课程的时候自己梳理的思维导图（这里因为篇幅问题放了小图，大家可以到101页看大图）。你可以简单地把思维导图理解为一棵树，这棵树的主干是由你要学习的核心知识点组成，比如产品经理在P2阶段需要理解互联网产品的生命周期、需要拥有两个核心能力以及需要可以单独负责项目。然后你在学习的过程中，不断地去填充这棵树的枝叶，也就是核心知识点的细化。比如产品经理单独负责项目，需要拥有需求理解、复杂业务以及项目推进的核心能力。基于这些"枝叶"，我们还要继续去细化更多的知识细节。

迅速提高
逻辑能力的工具

我建议所有读者都能亲手制作一份思维导图，这绝对是一个让你事半功倍的工作方式。

我自己有个很深的体会，如果职场自学不复习，那么学习效率就会非常低。在初入职场的那段时间，我曾有一个月的时间学习积极性非常高。每天晚上下班后就回家看书，而且自己非常享受这种自学的过程，感觉通过自学很快就能提升专业能力，实现升职加薪的愿望了。

那段时间每看完一本书，都非常有成就感。在那一个月中我学习了4本产品经理的入门书，但是一个月过后，我发现这种只学习不复习的学习方式效果很差。虽然一直在看书，但由于没有做对应的内容总结，所以一本书看完后再仔细回忆，能记在脑子里的内容少之又少。而且就算是记住了一些内容，在之后的实际工作中即使遇到类似问题了，也很难找到对应的答案。这个问题不是个例，它对于很多人来说都是普遍存在的。于是一些人在度过了这种自我激励的自学过程后，纷纷放弃自学，下班后开始看剧打游戏，彻底自暴自弃。

我们在读书的时候都知道复习的重要性，可是到了职场后就好像都忘记了这一点。

人类的大脑是默认喜欢新知识，讨厌复习过程的，所以在自学的时候，我们一定要不断地告诉自己，如果不能克服自己对于复习的厌恶，那么我们即使付出再多努力，也只是在做一件自我感动的事情——每天花很多时间学习但什么也没记住，还安慰自己已经很努力了。

在我初入职场开始自学的时候，我也非常不喜欢复习，因为复习很浪费时间。往往前一周看的网课视频内容，下一周就基本忘记了。如果再重新看一遍视频，又要花费很多学习时间。于是旧知识越攒越多，开始了恶性循环。帮助我真正打破这个恶性循环的武器正是"思维导图"。在掌握了思维导图之后，我每次开始学习前，都会先花十几分钟的时间复习一下。

使用思维导图还有一个特别好的作用，它可以帮助我们"按图索骥"。在职场的实际工作中,我们总会遇到形形色色的问题。如果我们遇到的问题刚好是我们在学习过程中学过的,那就可以直接打开你的思维导图,找到对应的笔记内容,效率会非常快。在我做产品经理的过程中,每次遇到产品迭代拿不准思路的时候,我都会打开我的产品经理思维导图,找到对应的章节复习一下课程中教授的关于产品迭代优先级排序的知识点。这种在工作中复习的过程,也是帮助自己快速提升的过程。

构建"知识森林"的方法

举一个我自学过程中的案例来帮助大家更好地理解思维导图的制作过程：

下页所示就是我在自学《产品经理P2课程》时做的思维导图。所谓的P2就是产品经理的一种能力等级划分维度。在导图的最开始，我分了三个分支——互联网产品的生命周期、P2产品经理最看重的能力以及如何负责独立项目。这三个分支就是这个课程最核心的三块内容。主干的细分可以帮助我们更好地理解新知识所涉及的维度，由上而下地看到全局。

接着每一块内容都根据课程知识点进行细分。比如第三个分支"如何负责独立项目"，可细分成需求理解、复杂业务和项目推进。需求理解又可以继续细分成通过数据发现—验证问题、建立用户分层、需求挖掘/分散和竞品调研等。这样，通过对于主干的不断细分，我们就会对细分的知识点有更详细的理解和更深入的研究。

即使现在这门课我已经学完了，这张图我还是在不

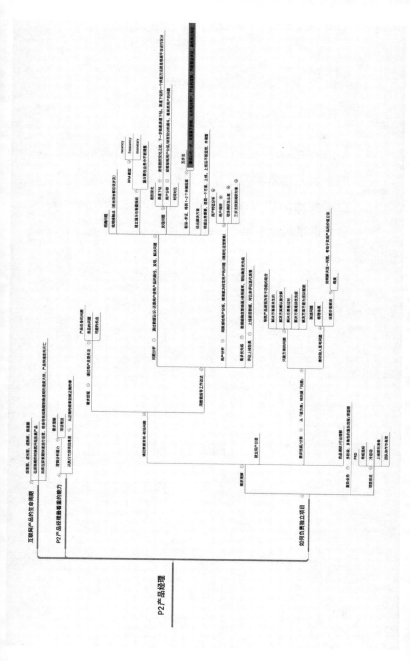

断地补充和细分。因为搭建起了一个合理的框架，我们之后无论是学习了新的课程、看了新的图书或者是有了新的工作感悟，都可以添加到这个思维导图上，从而搭建起一个属于自己的知识森林。

第四章

输出：
从新手变成大师

HOW TO BECOME
A GOOD
LEARNER

··········

不要让学习
成为麻痹自己的借口

如何成为学习高手

最近我发现了自己的一个非常隐蔽的缺点，总是喜欢通过学习来麻痹自己，让学习成为自己不行动的理由。事情的起因是这样的：因为事业的发展，我准备尝试做一个创业项目，因为对于创业本身的不了解，我从一开始就买了很多书和课程来学。一直想等到自己真正了解了创业的逻辑和项目的本质之后再行动。于是我拖了一个多月，一直在家看书和听课，创业项目本身没有一点进展。

直到有天我跟一个创业了多次的朋友聊天后，我才突然意识到这个问题的严重性。朋友跟我说："如果你想学习完再创业，那我估计你这辈子都没有机会创业了。因为创业要学的东西太多了，一个人就算学一辈子也很难学完。创业者需要的不是在创业一开始就对所有流程都了如指掌，而是要具备遇到问题的时候有解决问题的能力。"

回家之后我开始反思，我发现在我遇到未知的领域时就会不自主地产生焦虑和畏惧心理。为了掩盖自己的畏惧，我开始通过学习来麻痹自己。我一边学习一边告诉自己：你看我没有偷懒吧，我也有在努力。只要我把这几本书读完，我就去行动。

这个过程周而复始，我始终在单向地输入知识，并且不断地拖延，不敢向前一步。

自学的过程其实分为三个阶段：

第一个阶段是输入，也是本书上一章跟大家分享的部分。主要是通过读书、网课等方式获取知识并且进行记忆。

这也是大多数人认为学习的全部，但其实自学还有两个更重要的步骤。

第二阶段是输出，简单来说就是把你学到的知识进行应用的过程。在我们读书的时候，考试就是一种输出的过程。而我们进入职场的自学，输出的手段就更加多种多样了。是否能够有效地输出才是检验我们自学效果的唯一标准。任何没有输出的自学都是没有意义的学习。

第三阶段是反馈。就像考试会有成绩一样，自学的过程也是需要反馈来不断优化的，并且还可以通过反馈来确定下一次输入的内容和方式。反馈的方式有自我反馈和外部反馈。

自学的这三个步骤就像是大自然的水循环一样，不断循环，周而复始，缺一不可。

考试输出，
把知识真正用起来

回忆一下我们在学生时期，最不喜欢的事情是什么？相信很多朋友都会脱口而出"考试"。

考试之所以痛苦，不仅仅是因为打分和排名，更因为考试本身又是一个对于知识的输出过程，而知识输出本身又是一个痛苦的过程。我自己在读书的时候，总会在考试前感觉信心满满，认为每一个公式和知识点都背过好几遍了，考试一定没问题。可真正到了考试的现场，才突然发现试卷的题目根本就没有那么简单。复杂的题目需要涉及多个章节的知识点的组合应用，考前背得滚瓜烂熟的公式根本不知道该如何应用。所以每次到试卷发下来的时候，才发现自己根本没有真正地掌握书里的知识点。

相比于学生时期的考试，工作中的"考试"就更加复杂了。就拿我工作的第一年为例：在我学习完很多产品经理的课程后，我充满信心地认为自己可以设计出一个厉害的产品了。可当我真正开始打开设计软件设计产品的时候，我才发现现实和书本的差距居然会那么大。

不同公司的产品有不同的发展历史，不同的用户群体，承载着不同的公司目标。所以当你把学到的知识生搬硬套到自己的产品上时，就会显得格格不入。

更可怕的是，职场中的考试是没有标准答案的。产品经理在设计完一个产品的功能后，要跟其他产品经理以及部门的工程师进行需求评审。在需求评审的环节，产品经理需要向大家阐释自己的设计背景、理由以及详细的设计方案。对于很多初入行业的产品经理来说，这是一个比考试还要痛苦的过程，你会因为某些设想和疏忽而被大家严厉地批评。大家会一起吐槽你的产品设计，质疑你的设计动机，挑刺你的设计细节。

但是这个痛苦的输出环节，对于一个产品经理的自我提升而言，是非常有必要的。只有经过多次需求评审的折磨后，一个产品经理才会逐渐变得成熟。在这个痛苦的输出过程中，优秀的产品经理会不断地反思自己所学习的产品设计知识，并且进行不断地提升和打磨。

工作输出,
刻意练习要如何进行

如何成为学习高手

如果功利一点地说,我们坚持自学最大的意义就是为了让我们在日常工作中表现得更好。如果不能把输入的知识在工作中有效输出的话,职场人的自学几乎是没有任何意义的。

在我带团队的过程中,我发现了一个非常诡异的现象。我会让我带的每一个新的产品经理在工作之余进行自学,并且给大家推荐一模一样的自学内容。我也能看到几乎所有我带的人都在自学,但大家自学的效果却是天差地别的。有的人很轻易地就可以把自学时输入自己脑子里的知识运用到日常的工作中,而有的人学完之后貌似学会了,但一到真实的工作场景中就会完全不知道如何使用。即使你再教他一遍,他也似懂非懂。这也就解释了为什么年龄差不多的职场人,在过了几年以后,所担任的职位和负责的业务会有巨大的差别。

为了搞明白这个困扰我的问题,我曾经在自己的团队里做过一个小实验。实验过程非常简单:

　　我从团队里挑选出了两个自学能力都比较差的同事A和B，让他们同时学习一门课程，课程的主题就是如何进行行业调研，他们学习的时间、课程都是一模一样的。第二步，在他们俩学习完课程后，我让同事A根据课程内容模拟调研一个游戏行业（这个行业与我们公司的业务完全不沾边），并且需要写一份调研报告；而同事B则被安排重新再看一遍课程内容，并没有安排模拟的调研过程。最后一步，在两个人完成第二步后，给两个人布置了同一个作业——"请完成我们团队所处行业的深度调研，并完成行业调研报告，字数不限"。你猜结果怎么样？

　　A同事的表现远远超过B同事。

　　这一次的实验让我深刻地理解了一个道理，想要在日常工作中有效输出所学知识，模拟练习是非常关键的环境。模拟练习就像是读书时的作业，通过作业不断地模拟练习，才能在考试中取得高分。想要在日常工作中有效输出，我建议读者朋友们采取以下三个步骤：

1.场景模拟练习。

场景模拟练习就是在我们自学完某个知识点后，模拟我们在工作中遇到的类似问题，然后用所学知识点进行解答。比如当我们学习了竞品调研这个课题后，我们就可以直接搜索一下公司的其他竞品，按照所学知识点进行自主的模拟练习。

模拟练习一定是一个自主的过程。不同于在实际工作中遇到的上级布置的任务，模拟练习是我们对自己学习成果负责的体现。而且模拟练习一定要及时，在我们学习完一个新的知识点后，最好在一周内就进行模拟练习。这样不仅可以让记忆效率更高，也可以提高自学的成就感。

模拟练习还有一个隐藏的好处，所有你模拟练习时写过的报告、文章都可以成为你下一次面试时的作品展示。你可以骄傲地带着自己曾经自学时写过的报告给面试官，并且告诉他这是你在自学时独自完成的。

我相信面试官一定会对你的自学能力和专业能力刮目相看。

2.工作中"照葫芦画瓢"。

如果你跟我一样是处女座，那你一定也会被"完美主义"所困扰。无论我们自学的过程有多认真，模拟练习的时候有多积极，我们都很难在第一次就把学到的知识点完美地融入到工作场景中。于是就会有不少人为了避免出错，不愿意使用新学的知识，反而用旧的思维和方法去处理工作。

为了防止这种"完美主义"作祟，我们在日常工作的输出过程中，不妨先做到"照葫芦画瓢"。就以我个人的经历举例，在我第一次学习"产品版本管理"这个版块时，我反复看了三遍视频都没有完全掌握其中的要领。于是当我在工作中真正遇到需要处理版本管理和功能优先级排序时，我就先完全照搬课程里讲的步骤。第一次的结果没有很完美，但也没有那么糟糕，最重要的是我迈出了输出的第一步。于是我可以更自信和坚定地在之后的工作中使用新学到的方法论，随着使用次数的增加，我对于这个问题的理解自然更加深刻。

不仅是自学，当我们在日常工作中遇到任何"不敢迈出第一步"的场景时，都不妨试试"照葫芦画瓢"的思路。先不要苛求完美，先让自己走出第一步，这样在遇到实际问题时，就逐步拥有了解决问题的方法。

3.不断追寻本质。

当我们"照葫芦画瓢"地走出一步之后，就需要在工作中不断优化迭代了。因为几乎所有我们学习到的方法论都存在它的局限性，在实操过程中，不断优化方法，形成适合自己所在行业和岗位要求的方法论，是输出的最高境界。

我认识的很多优秀的行业大佬都具备一个通用的能力：追寻事物的本质。就拿"微信之父"张小龙在设计微信"摇一摇"功能来举例。

很多人应该都用过"摇一摇"这个功能，但很多人可能不知道，"摇一摇"这个功能的设计灵感是来自原始人在狩猎的时候投掷标枪的动作。

当我们拿起手机开始"摇一摇"的时候，是不是特别像在投掷某个物品？所以当我们在"摇一摇"的时候，就会被激发出潜意识中的原始记忆，从而对这个动作上瘾。而且更有意思的是，"摇一摇"之后发出的那个声音，是来自枪子弹上膛的声音。这种声音也可以激发出男性基因里对于狩猎、战斗的欲望。微信也正是通过这一系列深入人类心智的产品设计，实现了一个又一个爆款功能，成为现在大家离不开的互联网巨无霸。

表达输出，
逻辑思维的三种运用方法

如何成为学习高手

如果你不知道该学点什么，那就去学演讲吧！

学习演讲是我初入职场习得的最重要的一个能力。我很多时候非常感谢自己的第一家公司，因为它给了我很多演讲的机会。从新人的入职仪式开始，我就职的第一家公司就要求所有人都要准备一段十分钟的自我介绍，核心指标是"让别人认识你"。入职后几乎每一周都会有内部的分享会，公司非常鼓励员工主动请缨，跟大家分享自己最新学习到的新技术或者积累的工作经验。一直到后来，我作为公司的内部讲师，通过直播课和线下课程给上百个客户讲课。在这段过程中，我越来越觉得演讲对于提高自学能力的重要性。

先问大家一个问题，你觉得什么样的演讲算是一次好的演讲？

有气场的演讲者？有感染力的文稿？生动有趣的案例？这些或许都很重要，但在我看来那些顶尖的演讲都有一个共同的特点：颠覆观众的认知。

我自己最喜欢的演讲其实是一场发布会：2007年乔

布斯在iPhone发布会上的那场演讲。当乔布斯颠覆性地把一个可触摸宽屏幕iPod、一个革命性的移动电话、一个突破性的互联网通信工具组合起来，变成一个iPhone时，台下所有的观众是沸腾的，是尖叫的。时隔多年，我再看这段演讲，仍然全身起鸡皮疙瘩。为什么？因为乔布斯完全打碎了全世界对于手机的认知，营造了观众内心的"aha moment"。

什么样的演讲可以达到这种颠覆认知的程度呢？其实无论是简单的内部分享，还是隆重的万人演讲，演讲者想要达到颠覆认知的程度，都必须经历三步：

第一步：拆解所分享知识的最小单元。

第二步：对于某几个最小单元进行颠覆式创新。

第三步：将创新后的最小单元重新组合。

乔布斯的发布会演讲就是一个非常好的案例。在其他品牌的手机都还在按键时，他将一部智能手机应该有的最小单元进行了拆分，包括音乐播放器、触屏、移动电话、互联网通信工具（浏览器），然后把每一个最小单元都进行了颠覆式的创新。

罗振宇的《罗辑思维》其实也一直在用这套方法组织内容，让自己的知识专栏内容既有趣又颠覆认知。我印象很深的是讲太平天国的一期，当我们对太平天国的印象都还停留在初中教科书里的农民起义、腐败导致的革命失败时，罗振宇却把这段案例拆解成一个又一个的最小单元，将太平天国的起家、兴起、内乱、衰败等一个又一个的小故事拆分。接着用一个个的小故事来颠覆你的认知。最后将它们重新组合，给你一个非常颠覆认知的结论：太平天国的失败，其实是因为"杨秀清陷阱"——就是一个组织，不管它是政治组织还是企业组织，如果它起家的时候靠的是理想、理论、情怀、魅力这些东西，它的命中就必须跨过这个"杨秀清陷阱"，变成一家讲究实际和实践的正常公司。

不知道你有没有意识到一场出色的演讲背后需要的是什么能力？

第一个核心能力是对于自己所学习领域的知识有足

够细致的理解。只有这样你才能拆解最小单元。

第二个核心能力是对于所分享知识领域的不同流派的学习，甚至跨领域的学习。只有这样才能对于最小单元进行创新。

第三个核心能力是对于演讲本身的学习。通过多种演讲结构和说服方式，来有效地把自己的结论和研究进行呈现。

如果可以完成这三步，我们就可以说对于自学的内容已经基本掌握了。

演讲是一个非常好的倒逼自己深度思考和提高学习能力的过程。这就像我们读书的时候，"学霸"给"学渣"讲题时，也经常会发现自己理解到了自己以前没意识到的知识点。

当我们不断地通过演讲前的准备重复前面的三步时，自己就会越来越习惯拆解最小单元，习惯去思考事物的本质，也就拥有了更加强大的自学能力。

如果你在平常工作或者学习中，没有太多的演讲机会，那么下一章关于自媒体的内容就非常适合你了。在这个自媒体时代，每一个个体都拥有属于自己的演讲舞台！

费曼学习法的
现实应用

如何成为学习高手

我认为现代职场的每一个人，都应该打造自己的自媒体。

相信有人看到这句话就已经怒了，我自己的不少朋友也直接或者间接地表达过一些观点：自媒体、网红这不就是浮躁的表现吗？哪有几个网红是有真材实料的？我自己工作就已经很忙了，哪有时间搞自媒体？那些人搞自媒体不就是为了赚钱吗？每次听到朋友们这样的说法，我内心就是一紧，就感觉这些说法都是冲着我来的。

我们不妨先把对于网红、自媒体的成见抛到一边，一起转换个思维：如果做自媒体只是为了进行知识的输出呢？就像读书的时候白天上完课晚上要写作业一样，我们把做自媒体当作一份作业。比如我们最近学习了PPT的设计课程，接着就写几篇文章来将自己学习的"干货"进行输出，再分享给更多人。这样的自媒体你还会很排斥吗？

自媒体的起步就是这样的，就像我认识的很多知识类的博主，他们在工作和生活中积累了很多"干货"和经验，于是就用文章、音频或者短视频的方式进行分享。很多人前期并没有想着红或者能够吸引多少粉丝，但因为不断地进行有价值的内容输出，反而无心插柳地拥有了很多粉丝。

做自媒体是知识有效输出的最好方法之一。进行自媒体内容创作不仅仅是把脑子里的知识直接搬运到文章里，而是对于大脑内知识的再加工。这个再加工的过程一方面可以帮助我们更深入地理解知识，另一方面也可以提高记忆留存。号称最强学习方法的"费曼学习法"就提出，对于知识而言，只是简单地看和读，学习吸收率只有30%。而当我们能够把知识转教给他人时，学习吸收率就高达90%。自媒体其实就是一个转教别人的过程。

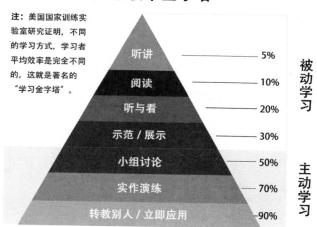

学习吸收率金字塔

注：美国国家训练实验室研究证明，不同的学习方式，学习者平均效率是完全不同的，这就是著名的"学习金字塔"。

听讲	5%	被动学习
阅读	10%	
听与看	20%	
示范／展示	30%	
小组讨论	50%	主动学习
实作演练	70%	
转教别人／立即应用	90%	

　　很多朋友也都认同自媒体是一个打造个人IP、提高自学效果的好方式，但就是迟迟不肯行动，总觉得自己没有准备好。如果你也有同感，那我给你分享一个"日记法则"——像记日记一样做自媒体。

　　就像写日记一样，前期就简单地通过文字来记录自己每天的学习内容，不需要考虑内容形式或者文字水平，只要找到一个自己喜欢的平台，也不要有太多的心理负担，就是把自己的日记上传到平台上。上传后别关注有没有粉丝，有没有点赞。就将其简单地作为自己的学习记录。坚持一段时间后，即使没有粉丝，你也会发现自己的学习效果和写作能力有了显著的提升。

接受犯错，
实现自我成长的跃迁

如何成为学习高手

相信很多人在学生时期都有一个特别不好的习惯，每次期末大考结束后，都不喜欢再去看期末考试的试卷。常常拿到之后就把它束之高阁，只为了不想影响自己的假期心情。

我也有这个习惯，而且它一直延续到了刚进入职场的时候。那个时候，我只要脑子里出现不错的创意，就会直接动手做，但做完之后却不太愿意去看效果如何。

其实我自己知道这是一个坏习惯，无论是学生时期的老师还是职场中的领导也都跟我聊过这个问题，但最开始的我却并没有意识到问题的严重性，直到后来我在自我反省的过程中才发现我的这种"拒绝反馈"的心理机制，是因为不愿意去接受自己犯的错误。

每个人都知道接受反馈的重要性，也知道复盘对于自学的价值。但自学就是这样一个考验人性的过程，在自我学习的过程中，我们性格中的缺陷会被无限放大，拖延、恐惧、懒惰、焦虑，这些情绪会反复地在自学过程中涌现。

适当降低预期,
不断提升自我价值感

如何成为学习高手

我在大三的时候迎来了自己体重的巅峰，因为那一整年我都在准备托福、GRE以及各种出国考研需要的考试，在压力和缺乏运动的双重冲击下，不出意料地增重了十多斤。

于是我大四开始准备减肥。但我发现，只要我以减肥为目标进行锻炼，都没办法坚持太久。直到最后一次，我把目标定位保持健康的运动习惯，才通过三个月的时间把体重减了下来。

这两种目标管理背后的区别是什么？

当我以减肥为核心目标时，我是没办法接纳一个不完美的自己的，所以那段时间我经常用其他人的好身材来激励自己。但结果是坚持运动一周后，发现自己距离好身材的目标似乎遥遥无期。这种对于完美的期待和残酷现实之间的落差，让我越来越难以坚持。

《拖延心理学》里有一个非常有趣的公式：

自我价值感 = 能力 = 表现

这个公式解释了大多数人拖延症背后的心理机制。

在大多数人的潜意识里，有这么三个结论：

1. 我的能力决定了我表现的好坏。

2. 我的能力越高，我自己的自我价值感越高。

3. 我做的事情反映了我的个人价值。

当我们对于某件比较困难的事情的表现结果预期比较差的时候，问题就出现了：如果在这件事上我的表现差，那就说明我的能力低，那我的自我价值感就会降低。这时候大脑就会不自觉地发出抗拒的信号"不行不行，我怎么能是一个平庸的人呢？"

于是我们开始不自觉地主动切换这段逻辑链条中的一环，自我价值感 = 能力 ≠ 表现。通过拖延症打破了能力与表现之间的等号。于是我们可以安慰自己，不是我的能力不够，而是我懒得去做而已。通过拖延的方式维护了自己可怜的自我价值感。

同样是打破最后一个等号，除了拖延，我们还有没有其他更加积极的方式了呢？

我当年减肥的时候采取的方式是"降低表现标

准"。简单来说，虽然我自己心里很清楚自己健身就是
为了减肥，但我还是会告诉自己，健身是为了保持一
个良好的工作习惯。这样我一下子就把表现标准降得
很低。之前我需要一周减掉五斤才能维持自己的良好
表现以及自己的自我价值感。

现在？我只需要保证一周去四天的健身房就行了，
减多少斤已经不重要了。通过主动地降低标准，我成
功地保持了三个月的高频率健身，这个时候减肥只是
自然产生的结果而已。

降低表现标准是我亲身试过最好用的方法，它核心
的逻辑就是接受一个不完美的自己。在做一件困难但
有意义的事情（无论是自学、健身还是工作）时，要
专注于自己在做的事情，而不是去看别人的进度。在
自己现有的条件下做到最好，通过不断的微小进步增
强自己的幸福感，进而不断提升自己的自我价值感。

戒掉拖延症的
两个心理暗示

　　当从内心真正接纳自己之后，再跟大家分享三个让我非常受益的微习惯，帮助你在拖延情绪来临时，快速地攻破它！

"有好处"原则

　　这个原则用一句话就可以概括为：当你因为焦虑开始拖延的时候，先问自己一个问题，做好这件事情对自己有没有好处？

　　我曾经有一段时间非常厌恶写短视频脚本，那段时间我的短视频账号正处于瓶颈期，已经很长一段时间没有出爆款视频了，连粉丝量也开始下降。因为害怕下一个脚本数据依然不好，于是我在潜意识里开始拖延，拒绝写脚本，拒绝拍视频。

　　后来我只问了自己一个问题，写好脚本对于自己有没有好处？答案是肯定的，写好一个脚本可以帮助自己更加理解脚本的好坏，认识更多的朋友，帮助到更多的粉丝。当我问完自己这个问题之后，拖延的情绪就已经消解大半了。

5分钟原则

5分钟原则是我从《终结拖延症》中学到的一个非常好用的技巧。

当你面临一个大的任务时，可以先安排好前5分钟该做什么。

比如说我要开始写一个短视频的脚本，我会先想好这个脚本的第一段该写什么？第一段的内容其实就是写脚本这个大任务的"5分钟"。

5分钟是最容易起步的方式了，只想5分钟的任务，会让内心的抗拒和预期降低。这与之前讲的"降低表现标准"异曲同工。

5分钟原则的第二步是多任务切换。

很多时候，即使我们用5分钟开启了一个任务，但5分钟过后，我们常会遇到没有头绪、思路受限的情况。这时候千万别逼迫自己，告诉自己"我先去做另外一个事情就好"。

很多时候大家都以为做事情就要专注，要有始有终。但往往就是这种所谓的专注，使得我们根本无法真正地完成大的任务。

还是拿我写脚本举例，如果一个脚本我写了10分钟，还是完全没思路，我不会逼着自己绞尽脑汁地继续完成它，而是会去做另外一件事。可能是去跑步，去冲一杯咖啡，去读一本计划要读的书。很多时候，通过多任务的切换，反而会让大脑迸发出新的灵感，解决掉之前无论如何都没有思路的问题。

番茄时钟法则

如何成为学习高手

工作之后，我在很多场合都听到过番茄时钟法则，但我真正开始使用它则是在看了美国学者芭芭拉·奥克利的《学习之道》一书后。

番茄时钟法则的根本理念是通过25分钟的专注+5分钟的休息来快速切换任务，从而实现自己的长时间专注。

经过多次尝试后，我发现自己更喜欢番茄时钟法则加To do list的方式：

第一步：把一天的大目标拆解成几个可以在25分钟内完成的小任务。

比如我今天的任务是完成本书的第一章节，我会把第一章的任务拆解成几个小节的任务，将每个小节划分为25分钟的工作量。

25分钟是一个几乎没有心理压力的时间长度，可以帮助我快速进入状态。

第二步：画一个时间轴，以半个小时为单位，把25分钟的小任务安排到时间段内，制定好一天的时间规划表。

第三步：每做完一个小任务打一个钩，并休息5分钟。

这一步是借鉴了To do list的思路，通过打钩这个动作让我们的大脑接收到正向的反馈。

只有聪明人才会的
高效学习方法

如何成为学习高手

两种反馈途径

前面已经分享过三种有效输出的方式，分别是日常工作、演讲和自媒体。而这三种输出方式都需要反馈来验证效果的优劣，从而好拟定自己下一阶段的学习方向。

在我们进入职场将自学的成果进行输出时，会接收到各式各样的反馈。其中不乏同事和朋友的评价、自我的主观感受、上级领导的评价、市场的反馈等。但在这些海量的反馈信息中，只有少部分才是真正有价值的。

就像我做互联网产品经理，在产品迭代的过程中总会遇到各种人的建议和评价。有市场人员自己的评价，有真实的客户的评价，有领导层的评价，甚至有面试者也会对于一个产品提出自己的看法。这么多的建议，到底有哪些建议是有价值的呢？

我们需要拥有一种技能，从众多反馈中找出那些有价值的"金句"，去指导自己进行思维的迭代。

看数据

作为互联网从业者，分析数据反馈是我自己最喜欢的工作方式之一。

数据分析应该是互联网从业者入门的必修课了。我作为产品经理面试官面试一个应试者的时候，通常会遵循这样的判断标准：如果这个人对于一个产品的思考只限于表现层（比如这个产品的样式、按钮的颜色摆放等），那么这个人就还没有入行。

原因非常简单，那些从产品表层就可以看到的问题，一定是所有人都最直观能看到的问题。而这些问题内部团队肯定在很早之前就有发觉，但这个所谓的问题之所以还存在，不是因为被忽视，而是因为内部对于多重利弊的权衡后的决定。所以当一个外部人员对表层的问题提出质疑时，内部人员只会觉得这个人很业余。

有经验的产品经理会如何看待一个产品呢？

第一步拆解这个产品的底层数据逻辑。一款产品有哪些角色划分？不同角色如何进行数据层的互动？多个角色数据在哪里进行了汇合？

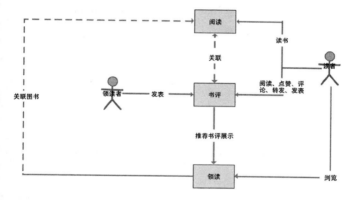

（我对网易"蜗牛读书"的逻辑拆解）

第二步就是分析这款产品的数据表现。这款产品目前市场数据如何？核心功能点的表现如何？多次产品升级后数据有何变化？数据断崖式变化的背后是产品因素还是市场因素？

迭代路线/关键运营/用户增长曲线

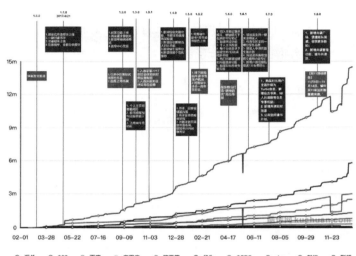

注：由于联想市场接口更换，下载量数据于2018年12月13日起更改为安装量，可能导致数据发生大幅波动。

（我对网易"蜗牛读书"的数据分析）

举个例子，在我们团队负责一款网页的设计时，对于一个按钮的摆放曾发生过很大的意见冲突。有的人觉得按钮应该放在页面最上方，这样才能让用户第一眼看到按钮。另一方则认为按钮应该放在页面最下方，这样更符合用户进入一个网页后的使用习惯，先看完正文再点击按钮。

你认为就这样一个小的争执，该如何抉择呢？

最终帮助我们决策的是基于数据的一个小测试。在争执不下之后，我们把这两个方案都做了Demo，然后分别投放给少量用户进行测试。一组用户使用把按钮放在页面上方的方案，另外一组用户使用把按钮放在页面下方的方案（互联网行业也叫A/B Test）。

因为我们做这个网页的核心目标是提高付费用户数，所以经过简单的数据测试，我们发现把按钮放在页面下方所产生的付费用户反而更多。于是在下一个版本迭代时，坚定地选择了原本支持量占少数的方案二。

当然这个故事最精彩的是第二部分，基于数据再一次的产品迭代。

虽然我们通过数据测试发现按钮放在页面下方付费用户数更高，但我们在产品上线拿到更多用户数据后，又进行了一次内部的数据分析。我们把一个用户从进入网站到付费的动作路径进行了拆解，发现用户进入网站会有这么几个动作：

进入网站—浏览文章—点击按钮—选择商品—网上付费—支付成功。

接着我们把每一步的转化率进行了计算，发现转化率最低的一步不是我们之前一直在纠结的"浏览文章—点击按钮"这一步，而是"点击按钮—选择商品"这一步。我们当时理所当然地在商品选择页面放了很多SKU供客户进行选择，以为客户选择的余地越多，成功付费的用户也就越多。

但数据告诉我们，情况恰恰相反。因为更多的选择导致了用户患上了"选择困难症"。而且通过数据我们发现，最后成功付费的客户基本都选择了同一个商品。

所以基于数据，我们又做了一个新的版本。在这个版本里，我们把页面最下方的按钮直接改成了"最受欢迎商品"的购买按钮，直接省去用户的决策和交互成本。

这个版本上线后，我们的付费用户量在一个月的时间内居然上升了30%，不得不说这真的是数据的魅力。

所以在我们通过自学进行"输出"的过程中，第一有效的反馈就是数据，只有数据才是客观的。

在我研究短视频自媒体的过程中，常常会不断拆分自己作品的数据，并且研究每一个作品数据的变化情况。很多运营过自媒体的朋友都知道，决定一条短视频流量好坏的大概有这样几个数据：点赞率、评论率、转发率、完播率、"转粉率"等。因此我会把自己作品的各个数据都收集到一个Excel表中，研究哪种作品的完播率更高，哪种点赞率更高。

在分析了30多个自己的作品后，我发现最限制自己视频流量的是完播率。这个看似平淡无奇的发现，却指导了我之后几个月的自学研究方向。我开始从其他领域的视频、传统电影行业的经验等入手，去研究专业人士提高作品完播率的方式。

坚持接收这种基于数据的反馈，不断找到自身的薄弱环节，进而知道自己需要提升的方向，可能是我一年可以"涨粉"三百多万的原因吧。

做调研

还记得我在之前讲过自学有效输出的一种核心方式——演讲吗？

我自己就经历了大大小小几十次的演讲，其中不乏十多次百人以上规模的线下演讲。我在演讲后有一个习惯，就是给所有观众发一个反馈收集表，收集大家对于我本次演讲的反馈，收集完成后，我会仔细研究每一个观众提出的建议。反思自己可以改进的要点，巩固本次演讲的成功经验。

主动的调研是获取有效反馈最快的方式。

自学过程中最怕的就是闭门造车。很多时候我们容易陷入自学获取知识的快感中，忽略了自学最根本的目的——影响他人。

无论是学习一项工作技能、演讲技巧、运营自媒体还是自学一本书，最后的落脚点一定是把学到的东西用出来。将学到的技能运用到工作中，可以影响自己的客户，让自己收获更多的成绩；将学到的自媒体运营技巧运用到自媒体账号中，可以吸引更多的粉丝；将学到的演讲技巧运用到演讲和日常说话中，不但可以吸引台下的观众，还可以让你与别人的沟通更顺畅。

所以收集到真实的反馈非常重要。

想要做好调研，需要注意两件事。

第一件，观察比引导重要。

很多时候我们在调研的过程中，非常喜欢通过引导调研用户的方式去验证自己的想法。这种自我验证的方式会打破调研的客观性，使得我们收集的反馈与实际偏差太大。

所以我们要尽可能地多观察自己的客户和观众，从他们的真实行动中获取最有效的反馈。

第二件，提问比记录重要。

想要从调研对象嘴里获取到对自己有价值的反馈，一定要提问，而且要多次提问。

如果想要收集一位观众对于你演讲的看法，一定不能局限于他第一次的评价，比如你这次演讲是好还是不好。一个理想的调研应该是这样的：

Q：您觉得我这次演讲效果如何？

A：还不错，但我觉得结尾有些仓促了。

Q：仓促，您指的是时间上还是内容上呢？

A：我觉得内容上可以再充实一些。

Q：内容充实一些？您指的是对于这次主题更多的案例还是更多的观点呢？

A：我感觉是案例少了一些，而且我对于最后一个论点不太理解。

Q：您说的对最后一个论点不理解，是说第三个论点我没有讲清楚还是这个论点对应的案例不够匹配呢？

A：可能是案例不太匹配吧。

你发现没有，通过多次的提问，最后的结论（第三个论点的理论和案例不匹配）已经和用户最开始提出的问题（结果仓促）天差地别了！只有做到这种程度的调研，才能更好地指导我们下一步的优化方向。

第五章

爆款内容创作者
都在用的底层逻辑

HOW TO BECOME

A GOOD

LEARNER

....

打造自己的有效IP：
影响命运的关键

作为一个职场新人，如何快速地获取有价值的人脉和打造自己的行业知名度呢？

运营自媒体或许是最快的方式之一。

如果我们按照正常的职场晋升路径，不断地深耕一个领域，可能会在10年后成为这个领域的专家，从而在一定的圈子内有很好的专业口碑。

但因为有了自媒体的存在，让我们可以快速连接到更多志同道合的朋友，也完全打开了自己的人生边界。

我的故事或许并不适用于所有职场新人，我也不认为专注于职场、成为行业专家有任何弊端。这部分内容是跟大家分享一下我运营自媒体的故事，给初入社会或者还在大学的朋友们一种可选择的职场新路径。

IP的高维打击：
人人都是产品经理

如何成为学习高手

在个人自媒体时代，一个强有力的IP是自媒体账号快速"涨粉"的核心秘诀。

我自己在大学期间曾运营过微信公众号，也在微博上尝试做过段子手。当短视频的风口来到的时候，我才突然发现短视频对于微信公众号等文字、音频最核心的冲击，不是视频与文字的区别，而是个人IP对于平台IP的打击。

回想一下微信公众号时代，那些头部微信公众号往往是以一个媒体的名称命名，比如"十点读书""36氪""插座学院"等。

但在短视频时代，我们几乎再也看不到平台媒体的账号（除了官方媒体特例），那些头部的网红都是一个个鲜活的个人。不仅仅是娱乐领域，即使是我所在的知识博主领域，也都是各行各业优秀的精英开始对着镜头，传播着有价值、有温度的"干货"。

所以在这个短视频时代，每个人都应该拥有自己的IP。

我记得有一本书叫《人人都是产品经理》，那现在应该说是人人都是"IP"了。

但与大多数人的想法不同，在我看来IP是不太可能通过"造人设"来塑造的，你的IP应该是通过你的人格化呈现。IP就像是一个有自主意识的生物，不受你的控制，有自己演化的路径，并且最终与你相互制约。

三步IP法:
迅速提升"底层算法"

你有想过你的个人IP应该是什么吗？

刚开始运营短视频账号的时候，我一直以为个人IP是我自己怎么看自己。后来才发现，个人IP是别人怎么看你。

我是2019年12月正式开始将运营短视频当成副业的，最开始我给自己的定位是"北漂互联网青年"。于是我做了一系列相关视频跟大家分享互联网的一些段子，但结果却是不温不火。

直到有一天我开始在视频里分享自己的生活，账号里才终于诞生了第一条破万的视频。

那一条视频主题是"如果朋友请你帮忙，你不想答应该怎么办？"通过讲述自己遇到的一个真实的小事，跟大家传达了一个非常简单的道理，成年人的交友应该坦诚直率。

在这一条视频"爆"了之后，我开始重新定位自己的个人标签为"93年的北漂男生"。接着我生产了一些自己对于职场、面试和生活的小感悟。每一期视频都没有太多的大道理，也没有搞笑的段子，只有发生在自己身上真实的故事。

接着我就有了一天内被点赞超10万的视频，而且这条视频在后续的几天内累计收获了超过50万的点赞。

但这不是故事的结局，后面我又调整了一次个人标签。

这一次是因为我无意中分享的一条学习方法的视频在抖音上收获了超过180万的点赞，将近3000万的浏览量。这时我才突然发现以前的那些初中高中逆袭的学习经验，居然会有这么多人喜欢。

于是我第三次把个人标签定位为了"985毕业的九三学长"。

讲完了我自己的IP（个人标签）变化过程，不知道你是否有新的感悟。你的IP一定是基于你自己的过往经历而来的，也一定是不断地迭代变化的，即使有变化，它的变化依据就是我们之前讲过的"看数据"。

不妨现在拿出纸笔，一起来找到你的IP。

第一步：

在纸上画个大圈，圈里写下你的名字。

第二步：

在大圈周围总结自己过往经历的关键词，形成一个个包围着大圈的小圈，比如我自己的关键词有：产品经理、互联网、厦门大学、985、留美硕士研究生、北漂等。

第三步：

选择1~3个你最喜欢的小圈关键词组成你的IP人设。

一定不要以为IP一定是高大上的。我认识的很多在大学时就开始做自媒体的朋友，他们不一定非是985、211的"学霸"，他们只是每天坚持分享自己的学习日常，分享自己学习到的新知识点，也收获了许多人的喜欢。

价值上万的
脚本结构

如何写脚本是很多朋友认识我之后问的第一个问题，比起传统文字洋洋洒洒几千字，短视频对于脚本的要求真的太高了。

如果你已经决定开启你的短视频自媒体，那么这一节可能是对你价值最大的一节。

研究过短视频的朋友都知道，决定一条短视频流量多少的核心指标是四个：完播率（所有观看这条视频的人有多少人看完了）、点赞率（所有观看这条视频的人有多少点赞了）、评论率（所有观看这条视频的人有多少评论了）、转发率（所有观看这条视频的人有多少转发了）。

所以要在短视频平台获取到更多的推荐、更多的流量，一定要做足这四个数据。我自己根据这四个数据，总结了一个"黄金脚本结构"。

基于这个黄金脚本结构，我做出了三个破百万赞的视频：

1.在开头设置疑问句，要足够吊胃口，这决定了你的完播率。

2.视频前半段和后半段要设置剧情的反转，配合音乐渲染气氛，引起共鸣，这决定了你的点赞量。

3.视频中有吐槽点，这决定了你的评论率。

4.视频体现利他价值，这决定了你的转发率。

直接给大家分享之前我做过的获得了百万赞的视频脚本《考试满分的秘诀》，这也是我在美国读研期间的真实案例。

考试满分100分，考了102，是种什么体验？

在美国读研的第二学期，满分100分的考试，我拿到了102分。

原因也很有趣，因为班级平均分只有60分，教授决定给每个人都加2分，而我的成绩已经是100分。但那个学期我并没有很努力，这个成绩很多是考前突击的结果，虽然不提倡这种做法，但有的时候方法真的比努力重要。

照下面这样做，你也可以。

首先我们要了解人类的记忆机制，美国某研究机构曾对记忆方法做过研究，最终的科研数据展示了采用不同学习方法，两周后的记忆留存率。如果你的学习只停留在听课、阅读的阶段，两周后的记忆留存率会低至5%，但当你结合讨论实践，并可以教授给他人时，记忆留存率会高达90%。

所以你需要做的是：

1.整理课程的知识大纲，既要有框架又要有细节。

2.假装自己是老师，知识大纲就是你的教案，不看课本，讲解课程内容。

3.记不清或讲不明白的内容重点复习理解。

4.刻意训练，养成学习习惯。这个方法的本质就是"费曼学习法"，是世界公认效率最高的学习方法之一。

你发现没有，这条视频的脚本是完全按照上述的黄金脚本结构组织的。如果你看完本书还是有些疑问的话，那你不妨找到我的抖音账号"九三学长"，看完这条视频，一定可以明白我是如何设计脚本并且让四个关键数据有显著提升的。

短视频是一场微型表演

如何成为学习高手

短视频相比文字媒介来说，最重要的是"演出来"。在自媒体这个行业内，有这样一批公众号时代的图文大V，他们在公众号时代可谓是呼风唤雨，随手一篇文章的阅读量就是超过10万。可就是这么一批文字功底扎实、肚子里都是"干货"的人，到了短视频领域却完全无从下手。原因是什么？

原因就是短视频不仅仅是内容"干货"分享，还需要有视频表达力，也就是要面对着镜头演出来。

短视频是一场微型表演。

目前短视频知识博主的表演方式分为两派，一派是自嗨型，这部分的典型代表就是非常受争议的"大蓝"。我们不评价这个人怎么样，纯看他的视频表现，他是一个对着镜头就特别容易自嗨的人。声音大，语气重，紧紧地盯着镜头；另一派就是冷漠派，这部分的典型代表有"大能"和"李雪琴"。但无论是自嗨还是冷漠，其实都是极端的表演方式。你演得越夸张，观看短视频的人就越喜欢看下去。所以找到你自己的表演方法，把一条短视频当作一出表演更为重要。

反向思考突破瓶颈

如何成为学习高手

当你开启了自己的自媒体事业后，你会发现瓶颈期会比你想象中来得更快。其实每一个瓶颈期都是自我突破的契机，而且突破了瓶颈期后你会发现你的自媒体事业会上升到一个新的台阶。

自媒体就像一只貔貅，不断吸取你已有的知识储备。所以你要不断地学习，不断地给知识账户充值，这个过程你或许会苦不堪言。

但这也是自媒体的魅力所在。

3次瓶颈期

这一年的时间虽然不长，但我在运营短视频期间断断续续地遇到了3次比较大的瓶颈期。

第一次是在我抖音账号拥有100万粉丝的时候，第二次是在拥有200万粉丝的时候，第三次其实就是现在。

瓶颈期有两个核心的特征，一个是数据断崖式下滑，发布的视频从几十万的点赞突然变成了几千的点赞。另一个特征就是发现选题变得很困难。脑子里没有太多有价值的选题了，常常不知道该做什么样的内容。

这两个特征对于知识类博主是很可怕的，因为没有好的选题，所以数据下滑，数据下滑又会导致自我怀疑，进而让选题出现偏差，于是恶性循环就开始了。

我自己认识的不少知识类博主几乎都面临过这种瓶颈期。有的博主知识存量很大，生活阅历很多，瓶颈期就会来得慢一些。有的博主，就比如我，阅历尚浅，这种瓶颈期就来得相对快一些。

遇到瓶颈期后，不同博主采取的应对方式大概有三种。

第一种是改变短视频领域。

比如我之前认识的一个女性博主，她最开始走的是知识博主的路子，在抖音收获了70万粉丝后遇到了瓶颈，在经过了一段时间的思考之后，转化赛道去做美妆博主了。

第二种是断更，也就是放弃。

第三种是从自我经历分享者变成谈资分享者。

从我的观察和实践的经验来看，对于大多数知识博主来说，第三种方式是最合适的。

而且我认为第三种方式是所有想要长期生产优质内容的知识博主们必定的演化方向。

瓶颈期的思考

有段时间，我非常喜欢听罗振宇的《罗辑思维》，我也是他的忠实粉丝，从大学就开始听他的节目。有一天在上班的路上，我听到了《罗辑思维》第191期的一篇内容，名字叫《老办法抓不住新机会》，特别受启发，反反复复地听了四遍，它完全颠覆了我对于自媒体的认知。

《老办法抓不住新机会》主要就是介绍了亨利·卢斯的故事，亨利·卢斯还是《时代周刊》的创始人。美国的新闻业在《时代周刊》出现之前，只有两种类型，一种是《纽约时报》那种走高端路子的报纸，特征是完全陈述事实，不带任何情感，服务于精英人群。另一种是普利策报系，俗称黄色小报，特征就是传达底层人民愿意听的新闻。

这两种方式的报道，属于两极分化严重。

而《时代周刊》是如何做的呢？是用带有情感色彩的文字去报道高端的新闻素材。它这么做的核心逻辑是因为《时代周刊》要服务新兴的中产阶级，这群人没有精英人群的领悟能力，需要除去客观事实外的情感评价，但这群人又很好学，渴望新知识。

所以最后亨利·卢斯说过一句话："我办那么多杂志的目的只有一个，就是为见识贫乏的上层阶级，为那些初涉世事的富豪的子女，为忙碌的商人，准备一周一次的桌边谈资。"

不知道大家有没有发现，罗振宇的《罗辑思维》其实也一直在做这件事。

非常有趣的是，就在我听完这期节目以后，我突然发现抖音上之前有个粉丝暴涨的博主，他的自我介绍也是这么写的，给大家增加桌边谈资。这个博主在近3个月的时间内收获了500万粉丝。

虽然网上有很多人看不起他，说他是在"割韭菜"，但你仔细去分析他快速"涨粉"的核心逻辑，就会发现，他的基本逻辑就是给最底层的大众提供了桌边谈资。亨利·卢斯那个时代是随着城市化的发展中产阶级快速兴起，现今我们这个时代是随着移动互联网发展，最广泛的底层大众快速被汇入互联网的海洋里。

我们再去看"商业小纸条"的案例。这个账号在200万粉丝的时候遇到了瓶颈，然后通过分享商业故事快速涨粉千万，它的核心逻辑也是一样的。

如何突破瓶颈

如果你的账号遇到了瓶颈期，该怎么做呢？我给大家提几点小建议。

第一，别轻易换赛道。

遇到瓶颈就想换赛道，或许是很多博主的本能反应。在我遇到瓶颈期时，我的第一反应也是换赛道。很多人跟我说"知识博主没有前途，大家都喜欢看搞笑娱乐的"。我也曾经动摇过，也尝试去做过一些搞笑"打鸡血"类的内容。最后的现实告诉我，每个人都有自己擅长的领域，你的自媒体账号其实就是你的人格化变现。我们擅长什么就专注于做什么，轻易换赛道只会摔得更惨。

第二，从分享自己的经历感悟到逐渐试着去学习和分析你这个赛道曾经出现的最优秀的人的案例，去讲述和分享别人的故事。

第三，保持自己的学习热情和态度。

所有瓶颈期的根本原因就是你的知识储备没办法更好地服务于你的粉丝了。知识博主要做的是让自己的知识储备永远高于自己的粉丝一个量级，这样你的内容才能收获观众的信任感和点赞。

第六章

成为高效能
职场新人

HOW TO BECOME
A GOOD
LEARNER

....

让你成为Offer
"收割机"

如何成为学习高手
■■■■■■■

在我真正进入职场前，对于面试一直有个误解，以为只要工作能力足够强，在面试时脱颖而出是自然而然的事情。

后来自己真正开始负责团队新成员的招聘后才发觉，面试其实是一项可以通过刻意练习不断提高的职场技能。

选择优质的面试渠道是第一步

前段时间我有一个工程师朋友觉得工作太累了，于是辞职回家休息了一段时间，等他休息够了想重新找工作的时候，发现居然没有企业愿意录用他。他的技术能力其实还不错，在之前公司的职级也不低，那是什么导致他再次走进人才市场的时候，连过几个月仍然没有找到心仪的工作呢？

后来我们俩周末一起吃了饭，我问他这几个月是通过什么方式应聘的，他说："就像刚毕业的时候一样啊，找一些招聘的网站，搜索一下对应的职位，把在线简历发给对方的 HR，然后等回信。"我笑了一下说："难怪你这段时间找不到合适的工作，你这个职级的工程师怎么还用职场新人的思路投简历呢？"他很诧异地问我："那我应该怎么做？"我说："你把简历给我，我一个月之内应该可以帮你找到适合的工作。"

一个月之后，果然有 HR 联系他，无论是公司的规模还是职位的薪水，他都非常满意。他后来问我是如何做到的。我说："其实很简单，你这个职级的工程师，靠得一定是内推或者猎头的方式求职，招聘网站上更多的是面向职级一般的职场人。"

在分享正式的"干货"前分享这个故事，是想跟大家分享职场求职中的一个很重要的道理，求职的渠道是多种多样的，你一定要在合适的阶段用合适的渠道，这样才可以事半功倍。

有哪些求职渠道是适合应届生或者低职级职场人的呢？我总结为三类渠道。

第一类渠道是网络招聘，这应该是大家最熟悉的一类招聘渠道了，现在有不少这样的求职平台。在这些平台中入驻了很多企业的 HR，他们会不定期地在上面发布招聘信息，在使用这些平台的时候，有三个问题你一定要注意。第一个要注意的是对于不出名的公司，在应聘之前，最好提前到国家企业信用信息公示系统中查看一下这家公司的经营状况。在我刚毕业求职的时候，就遇到过一家企业，虽然在求职平台上各类信息看着都很齐全，但当我登录国家企业信用信息公示系统查询的时候，发现这家企业居然已经是注销的状态。那是谁在利用这家公司的名义招聘呢？虽然后来我没有查明，但仔细想一想就很后怕。

第二个要注意的是，当你在平台上搜索相关岗位的时候，一定要看清楚岗位的年限要求，一般来说只有对工作年限不限的岗位，应届生才能申请。

第三个要注意的是，在网络平台中求职，你可以尽可能多地把你的简历发给相关的企业。其中道理也很简单，一个是投得多了收到反馈的机会就更多，另一个是，作为应届生，多一些面试的经历，对于提高你的面试表现是有好处的。

网络招聘还有一个很容易被大家忽略的方面，那就是各大公司的官网。公司官网的招聘信息往往是最全的，也是更新最及时的。你可以去网上搜索一下心仪的公司，看一下该公司的招聘板块，里面一般会写明招聘的该职位以及该职位的要求，你只要按照官网的说明把简历提交给HR，最后静候佳音就好了。

第二类招聘渠道就是现场招聘。

在大学的时候，你一定知道学校的春招和秋招。在招聘的现场，会有企业的HR直接面对面地看你的简历，以及进行简单的面试。

第三类招聘就是亲朋好友了。

对于应届生而言，从亲朋好友那里获取有效的岗位推荐还是比较难的，所以你现在就要有意识地在之后的工作以及生活中，认识更多的同行和志同道合的朋友。就像一开始的故事里讲的那样，等你工作几年后就会知道，很多公司的重要岗位都是不直接公开招聘的，企业更喜欢内部职员通过内推的方式推荐自己认可的人，这样即节省精力又可以快速找到更专业的人才。

HR喜欢这样的简历

如何成为学习高手

你认为简历在整个求职阶段处于什么样的位置呢？

对于这个问题，我想每个人都有自己的看法，虽然我们都知道简历很重要，但还是有很多人常常忽略这一点，而且有些人甚至认为简历只是面试的第一步，其实在老板们的眼里，简历是决定你是否能够拿到 Offer 的最后一步。一份好的简历不仅可以体现求职者的业务能力，还可以给面试官提前留下一个好印象。

说起简历，就会想起我在上一家公司时候的招聘经历了。

在上一家公司时，我是一个产品小组的负责人，所以我会负责这个部门的简历筛选和面试中的一面。有一段时间，我每天都要看十几份简历，然后再从中选择几位不错的邀请来公司面试。在这段过程中，我发现了一个非常有意思的规律，但凡简历有逻辑、有条理的面试者，面试的时候思路都很清晰。而那些简历看起来比较混乱的面试者，面试的表现常常不尽如人意，对于面试问题也很难回答到重点。所以不难推测，如果我都会有这种感觉，那么那些专门负责简历筛选，一天可能会浏览上百份简历的HR们，对于简历质量的要求会有多高了。

很多人常常认为只要自己能力足够强就够了，为什么还要花那么多时间去打磨简历呢？

对于持有这样想法的人，我一般都会跟他们说一句话：如果你对待自己的简历都这么不认真，领导怎么会相信你能更认真地对待工作呢？所以在开始面试前，认真地优化一下自己的简历，把自己最好的那一面呈现给求职企业，才是一名求职者最好的选择。

那么如何制作一份相对完美的简历呢？我在这里来手把手地带着大家从简历的颜值，到简历的结构，再到简历的内容细节，打磨出一份让HR喜欢的高价值简历。

问题一：什么样子的简历是好看的简历？

有一些应聘者的简历做得非常绚烂，各种颜色都有，仿佛做了一个海报。这种简历算好看的简历吗？

肯定不算。道理很简单，简历最重要的是突出里面的文字，让面试官可以快速地了解你最核心的优势，而那些五颜六色的设计只会喧宾夺主。所以简历一般用蓝色或者灰色即可，而且简历越简约越大气。

问题二：从面试官的视角来说，什么样的简历会让他们觉得你就是万千求职人海里最合适的人选呢？

我建议大家可以从四个板块进行切入：

1. 求职意向＋个人介绍（为什么是你？）。

2. 教育经历（学习能力）。

3. 实习经历（项目经历）。

4. 其他补充（性格特征）。

首先，在求职意向和个人介绍板块你需要清晰地写上自己期望的求职岗位，这个岗位名称最好与企业招聘上的岗位名称保持一致。并且在个人介绍里要体现为什么是你最适合胜任这一岗位，理由可以是学习成绩、组织能力、技能特长等，只要能证明你胜任这个岗位，都可以填上。

自己的能力＋所产生结果＝面试官通过简历对你的第一印象。

接着是教育经历板块，作为面试官来说，教育经历可以证明你的学习能力，你可以按照时间从近到远的顺序写上自己的教育经历，以及自己的学校／专业／专业GPA／专业排名以及专业所学核心课程。

比如我会在教育经历这里，首先写上自己研究生就读于美国雪城大学的传播学院，所学专业是新媒体管理，GPA3.6，专业排名第五，主修课程有传播学、领导力学、新闻学等。接着写上自己的本科就读于厦门大学的经济学院，等等。对于院校没有那么亮眼的面试者，需要在此处体现你的闪光点，比如校园期间拿到哪些奖项，取得了什么优异成绩，都可以列举进来。

下一个模块是实习经历，如果你的学校足够优秀，那就一定会有优质企业主动上门进行实习招聘，不要犹豫，选择"大厂"进行实习（这个跟毕业后挑选工作的逻辑不一样，实习尽可能选"大厂"，因为大公司知名度更高），并尽可能描述你的实习经历与产出成果。

如果你的学校并没有那么突出，那实习经历部分你一定要尽可能地多做补充，尤其是当你的实习岗位与应聘岗位比较相似时，你的实习经历对于你来说就是很大的加分项。

实习经历部分具体的结构为：按照从近到远的顺序排列实习经历，在每段实习经历中，第一行写上实习的公司名称＋岗位＋任期时间，在第二行写上在公司负责的事情，在第三行写上具体的实习内容＋取得的成绩。这里要强调一下实习经历一定要讲清楚前因后果，不要只是单纯地罗列你都做过哪些事情。

比如在某广告公司的实习中，我担任运营助理工作，在一个月的实习期间，我参与策划一次运营活动，给客户带来了10万的曝光度。我还亲自撰写了10篇文案，其中一篇被客户采纳。尽管你只参与了一次运营活动，但是这次活动带来的实质上的收获就是你实打实的劳动成果。有了这些成果，你的简历就会更具有说服力。记住：有一点需要注意的是，即使实习期间有再多的工作量，如果没有结果产生，那一定是无法让别人信服的。

最后一个模块是其他补充，在这里你就可以根据自己的情况写上自己的特长以及兴趣爱好。这部分不宜过多，选择重要的点即可。

面试，别被细节打败

记得几年前还在创业公司就职的时候，曾经面试过一位应聘者，这位应聘者在简历筛选的时候排名比较高，毕业学校排名也比较靠前，所学的专业与我们招聘的岗位更是比较匹配。

那天面试安排的时间是下午两点，为了腾出面试的时间，我特意推掉了一个临时插进来的会议。可一直等到下午两点半这位面试者还没来，于是我就在招聘软件上给这位面试者发了条私信询问情况。这个面试者回复说自己堵车了，要晚一些才能到。一直等到两点五十，这位面试者才匆匆忙忙地赶过来，当前台人员把他带到面试的会议室时，我问他带简历了吗？这位面试者反问我："不是在招聘软件上已经投递过简历了吗？"

看到这里，大家应该也能猜到这次面试的结果，这位面试者虽然各方面的条件都不错，但最终因为带给我糟糕的面试体验，让我对他的印象分大打折扣，最终他并没有被公司录用。

面试准备是整个求职环节里最重要也是最容易被人

忽视的一个环节。古人说窥一斑而知全豹，很多时候面试的打分就是靠一个个细节来评判的。所以当你通过前面的讲解，成功地收到了心仪公司的面试通知时，不管你是踌躇满志还是内心忐忑，有三件事你一定要在面试前提前注意。

第一件事是面试的时间和地点。

第二件事是面试携带的物品。

最后一件是面试时的着装。

首先说面试的时间和地点。一般而言，企业招聘的时候都会在跟求职者约面试时间的时候，同时发送一份写有详细的面试时间和面试地点的邮件。当求职者确定要去这家公司面试时，需要提前在地图软件查找一下面试的路线和所需要的时间。而且当你查看路线时间时，最好查看面试相同时间段的路况，这是很多人常常忽略的。就像我目前生活的北京，一个相同的路线，晚上和早晚高峰查询，时间可能会差出很多。确定好路线后，求职者最好可以提前十五分钟到达面试地点，从而预留出意外情况所耽误的时间，这一点请大家务必重视，很多人被心怡的公司拒之门外，不是因为自身能力不够，而是迟到，第一印象是面试官最在意的一个环节。

有朋友会问，如果面试当天真的因为特殊原因迟到了该怎么办？这里给大家一个小提示，如果求职者预判自己要迟到了，最好提前给面试官打个电话说明真实情况，并且说明迟到的时长。这样做的好处是，可以让面试官在等待的时候更好地规划自己的时间，而不是像我之前经历的那次面试一样，干等着。只要求职者提前告知，一般是不会影响面试印象的。

第二件事是面试需要携带的物品。我为大家归纳了这么几件物品，这些物品最好随身携带。第一是身份证，有的写字楼访客是需要身份证才可以进入的，所以最好随身带着。第二是简历，不少应届的毕业生面试经常不带简历，这其实是一个非常不好的习惯，如果面试官没来得及自己打印你的简历，那么这场面试的开始就会很不顺利。第三是自己的作品集，我建议求职者在面试的时候可以带着自己最优秀的作品集，比如搞设计的朋友可以带着自己最得意的设计作品，在面试的过程中，当面试官问到有无作品可看的问题时，直接从档案袋中拿出作品进行展示，让面试官能够更直观地感受到你的能力。

最后是面试的着装，对于面试的着装，不同行业的要求是不一样的。比如销售岗位一般会要求正装，而互联网行业会随意一点，但有一个大的原则，就是面试不要短裤和拖鞋。如果不确定所属的行业面试时应该穿什么，那求职者不妨询问一下约你面试的HR，我相信HR会给你一个中肯的答案的。

面试其实是一个双向选择的过程，我认为应届生应该珍惜每一段面试的机会，把它当作提升自己能力、了解行业的一次机会。当你把前期的准备功课做足，面试也就水到渠成了。

面试一定会
被问到的问题

如何成为学习高手

还记得我刚毕业那段时间，在每次面试前都超级紧张，因为不知道面试官会问什么，常常想面试官的问题我要是没学过怎么办，面试官问的问题我回答不好怎么办？所以那时候一直在想，如果我可以提前认识面试官就好了，就可以知道他们究竟会问什么，知道他们的每个问题想从面试者的口中得到的是什么答案？

随着在职场的经历越来越丰富，面试过的人越来越多，经历过的大大小小的面试场合也越来越多，才发现原来面试官的问题重复度居然非常高。也就是说，你极有可能在多次面试中，听到面试官相同的问题。

这倒不是因为面试官比较懒，而是因为对于面试官而言，想要考验的面试者的思路是相同的。举个例子，在多次的面试中，我发现面试官都很喜欢问一个问题——你为什么想要来我们公司。所以我给团队筛选人才的时候，也会下意识地问这个问题。后来我就问自己，为什么我会跟大部分面试官一样，这么在意这个问题。后来我想明白了，面试官其实是想通过这个问题来考验求职者的多个方面。比如求职者是否真的了解公司，以及是否愿意为公司长期地付出自己的心血，这就直接决定了这个求职者能在公司留多久以及做出多少贡献。

而另一方面，这个问题还可以测试求职者是否为了这次面试做了充足的准备，是否了解公司的核心业务和商业模式。如果面试官感觉到求职者并没有太过重视本次面试，他就会认为这个求职者手头可选择的公司比较多，或者这个求职者没有最基本的调研能力，那么他对于这个求职者的印象就会大打折扣。

所以在这里，我会跟大家分享面试中出现频率最高的三个问题，以及我们应该如何分解这三个问题，制作出属于自己的满分回答模板。如果在以后的面试中遇到这三个问题，我们就可以自信地说出答案了。

这三个问题分别是：

问题1：为什么会选择我们公司？

问题2：为什么会从上一家公司离职？

问题3：你的职业规划是什么？

问题1：为什么会选择我们公司。

这个问题其实是在考验求职者的三个综合能力：第一个是对于公司的商业模式以及文化理念是否认可；第二个是面试者是否足够重视公司，从而提前做了足够的调研；第三个就是求职者是否拥有快速调研一个公司的能力，这个能力也直接决定了求职者在以后的工作中是否有足够的自学能力和调研能力。

对于这个问题，标准的答案模板是：行业前景好＋公司发展好＋岗位与我匹配。

举个例子，如果是我遇到这个问题就会这么回答：之所以选择贵公司，第一，我看好互联网行业的未来发展，这是最新也是最好的行业；第二，贵公司是行业内发展很好的公司，有自己优秀的产品，我也很认可公司的文化；第三，我应聘的岗位与我自身能力也能匹配。当然你要基于自己的行业和岗位，把这个模板足够地扩充并且添加足够的细节，进而让你的回答更有说服力。

问题2：为什么会从上一家公司离职。

对于应届生而言，这个问题可能不太会遇到，但你总会在之后的职场面试中高频地面对这个问题，所以这个问题你也要提前做好准备。

对于这问题，比较好的回答模板是：从上家公司我学到了很多＋不吐槽上家公司。

无论你之前因为什么原因跳槽，最好都不要去吐槽前一家公司，这是一个职场人应该有的基本素养。

举个例子，如果是我遇到了这个问题，我会这样回答：从上一家公司的工作中我学习到了很多，无论是专业能力还是领导力，但因为上家公司的业务发展比较局限，与我的职业规划有些偏差，所以打算跳槽。这样的回答一方面肯定了上一家公司带给自己的价值，另一方面也说明了自己对于未来的长期职业规划。

问题3：你的职业规划是什么。

这个问题是一个很容易给自己挖坑的问题，如果说得不好，会让面试官觉得你并不会在公司待太久，那么录取你的概率就会直线下降。所以回答这个问题的标准模板是：成为行业专家＋在职位上深耕。

举个例子，如果有幸入职，我希望一方面在行业上有所建树，成为这个行业的专家，另一方面，我希望在公司的职位上深耕，提高自己的能力，从而为公司带来更多价值。这样的回答会让面试官觉得你是一个可以培养的年轻人，从而提高对你的印象分。

总结一下，无论哪个行业的面试，都会有一些面试问题会高频出现，今天我给大家列举了三个最高频的通用问题，并给出了标准的回答模板，大家一定要记得基于自己的实际情况来填充模板，并且有意地在自己的面试中积累属于自己的常见问题以及标准答案。

薪资如何谈，才能
提高50%

如何成为学习高手

企业的面试一般会分为3~5轮（当然也有像阿里巴巴那种比较复杂的7轮面试），每一轮面试考察应聘者的能力点都不相同。通常面试的前2~3轮都是"业务面试"，简单来说就是之后你即将入职的部门的同事、领导来面试你，而他们最关注的就是你的业务能力，所以他们会问你很多关于本行业的专业知识问题，考察你是否可以胜任当前的工作。

当业务面试通过后，你会在最后一轮面对人力面试。人力面试的逻辑跟业务面试有着本质的区别，大部分公司人力面试的任务是用尽可能低的成本（你的工资）招进更优秀的人才。所以学会跟人力谈判会让你的薪资达到自己满意的水平。

谈薪资这个事情对于很多人来说，都是一件不知道如何开口的事情。我记得自己第一次跟人力聊薪资的时候，一方面想要多一些薪资，另一方面又害怕要得太高，影响了自己被录用的机会。

那作为我们该如何跟人力谈薪资呢？

在给大家具体办法之前呢，我想跟大家明确两个很关键的问题。第一个问题是，到底在面试的什么环节，我们才会聊到薪资呢？

对于流程比较规范的公司，一般不会在前两轮面试中聊到跟薪资有关的问题，因为前两轮面试更多的是考查应聘者的专业能力。聊薪资一般是人力负责，他们一般是在第三轮或者第四轮面试。能坚持到这里说明你已经获得了前几轮面试官的认可，只要不跟人力谈"崩"，就说明这次的工作机会你已经拿到了，之后只需要尽可能地多给自己争取一些权益即可。

第二个问题，对于大多数公司而言，你薪资的计算方式基本是在与你能力级别挂钩的薪资级别上下波动。也就是说，你有什么水平的能力，基本就决定了你有什么水平的薪资，所以不要太期望有什么技巧能够让你的薪资通过谈判有本质的变化。

明确这两个问题后，就让我们进入正题，究竟该如何跟人力聊薪资？我会通过谈薪资的四个核心步骤，教会你如何尽可能地得到一个理想的薪资。

第一步，当人力问你期望薪资时，千万先别回答，先咨询公司的薪资结构。要知道，大部分的人力都是谈判的高手，他们之所以先问你的期望薪资，是有意控制谈判的焦点，如果你的报价低于人力的期望值，他们一般会继续压价，若你的报价高于他们的期望，他们就会跟你说公司的各类制度控制，让你无法反驳。所以第一步我们需要有意地将谈判的矛盾点从具体薪资数额，转移到薪资结构，这些一般是公开的，也是人力熟悉的，一般不会被拒绝。

之所以要问公司的薪资结构，是为了更好地将自己的期望年薪进行拆解，有些公司的福利或者奖金比较高，这时候我们就要适当地降低自己对于基本薪资的诉求。

第二步，在了解薪资结构调整后，按照自己最高预期的年收入报出自己的预期月薪。报出最高预期是为了给人力降价的空间，也是谈判的常用技巧。

报出自己最高预期的薪资后，人力一般都会跟你说，你的薪资要求太高了，公司相同级别的人没办法申请到这么高的薪资。面对这种质疑的时候，你就需要使用我分享给你的第三步。

第三步，如果人力表示你的预期太高，可从四个维度进一步解释：

（1）说明前一份工作的薪酬水平，如果你是应届生，也可以给出其他录取你的公司的薪资报价。这个维度是为了提高人力对于你的薪资预期。

（2）基于上一份工作或者我的其他可选择的工作，我期望在你这里可以有的薪资涨幅。在互联网公司的跳槽，一般比较合理的涨薪范围在10%~50%这个区间内。跳槽涨薪是一个行业认可的事情，所以人力会综合考虑你的前一份工作薪水和行业普遍的涨薪范围，给你一个比较合适的薪资调整。

（3）说明你即将入职岗位的价值。如果你即将入职的部门很重要或者你担任的岗位很重要，你就可以很直接地跟人力去说明你可以带给公司的价值。一般而言，人力并不会很熟悉你的岗位，但通过这个方式，人力有可能会跟你入职后的直接领导进行讨论，若领导足够认可你，大概率会给你一定比例的薪资上涨空间。

（4）解释你与这个岗位的匹配度。如果人力依旧表示价格太高，并没有给出你期望的薪资，你可以先终止面试让人力向老板请示。毕竟面试是一个双选的过程，如果你真的感觉这份工作的薪水无法让你满意，放弃也是一种理智的选择。

不过我还是要提醒一下大家，在我们选择第一份工作的时候，没有必要特别纠结于薪水。因为没有谁是靠着自己的第一份工作实现财富自由的。第一份工作薪水之间的差别最多就是几千块钱，这几千块放在长期来看真的没有那么重要。

对于第一份工作，我们最应该看重的是能力的提升和平台的高度。一份能让你快速成长的工作，是你初入职场最好的选择，因为你能力的增长速度，会直接决定你在未来5~10年后的能力等级，而这时候你与同龄人年薪的差别，就不仅仅是几千块钱了。

回顾一下，在与人力聊薪资的时候，我们有标准的四步法可以遵循，问薪资结构、报出最高预期、说明涨薪原因、适当终止面试。

如何快速"破冰"，
融入新环境

如何成为学习高手

如果你刚刚加入一家新公司，会给自己多长的时间来融入这个新的环境呢？

对于这个问题，有的人会回答1个月，有的人会回答3个月，有的人很自信地说一周。我给大家的建议是，越快越好。

职场不像学校，如果是在学生时代进入了一个新的班级，你用多长的时间融入这个班级，对你的学习成绩都没有本质的影响。但在职场，你需要与同事协作，需要了解新公司的做事方法，需要能够快速地跨部门对接，所以用多长时间融入新的职场，对你的工作业绩有着根本的影响。

我进入第一家公司的时候，差不多用了一个多月才融入新的环境，以我的经验而言，最影响职场新人融入职场的障碍有两个，一个是认识人，另一个是认识事。

简单来说，认识人就是熟悉你的同事、你的领导、你的合作伙伴；认识事，就是了解这家公司的做事方法，大家经常用的表达方式以及合作的模式。

那我们该如何快速融入职场的新环境中呢？下面我将从认识人和认识事这两个维度与大家分享相关的技巧。

首先聊一聊认识人。认识人可以分为两步：第一步是能准确地叫出某个人的名字；第二步是知道他的性格和做事方法。我建议大家先从第一步开始做起。我记得非常清楚，在我刚入职场的时候，部门领导带我去认识部门同事，在我自我介绍完之后，二十多个同事分别说了自己的名字，但我一个都没记住。所以后来我悄悄地问了一个坐在我旁边的同事，请他帮我把大家的名字按照大家的座位写下来，然后我用了一天的时间记住了每个人的名字。这一步帮助我能快速地喊出他们的名字，从而在寻求帮助的时候方便很多。

第二步是知道同事和领导的性格和做事方法，这里有一个非常实用的方法，就是跟大家一起吃饭，比如午饭跟大家一起去食堂吃饭。我见过不少职场新人因为害羞，经常一个人吃饭，这样就会浪费很多与大家进行非正式谈话的时间。因为在公司吃饭的时候，是大家最放松的时候，这时候他们一般不会聊工作的事情，反而会聊一些八卦，所以这会是你了解其他人性格的最好方式。而且你最好可以适当地参与到讨论里，说一说你自己有趣的事情，这可以让你更快地融入到公司里。

认识了人，职场新人该如何认识事呢？

以我的经历来看，认识事也有两个渠道。一个是多去看看之前自己部门的产品方案、项目方案等资料。这些资料一般要跟领导特别申请，申请后你需要快速地利用自己的业余时间浏览一遍，从而了解自己部门之前在做什么事情，现在在做什么事情，自己负责的事情属于整个部门的哪个环节。比如作为产品经理，我就会快速地浏览一遍负责的产品之前的产品文档，看一下之前的迭代思路，之前同事的思考方式，这会帮助我了解这个产品为什么是现在的样子，也就明白该如何更好地优化它。

认识事的第二个渠道就是实践了，就是在工作中学习和总结。很多项目常常出现无论前期准备得多充分，最后总会遇到各种各样难题的情况，所以我们要养成总结的习惯。我见过一个非常厉害的同事，每天下班前都会写一份总结日记，写下今天所做的事情，有哪些经验是要沉淀下来的，有哪些错误是要避免的。这一点对于急于提升自己的新人来说是非常重要的一个优点。

职场向上：
快速提升的两个核心思维

职场中最令人头疼的恐怕就是跟领导打交道了，即使对于很多职场老人而言，与领导相处都会如履薄冰，更别说是刚入职场的职场"小白"了。

还记得我初入职场的时候，每次跟领导汇报工作都会紧张好几天，准备的PPT改了又改，生怕被领导看出什么问题。但现实常常事与愿违，领导总是能从我打磨了几天的方案里，轻易地找出存在的各种问题。虽然在汇报时被领导直接指出错误会让我很难堪，但这种难堪又会激励我努力提高专业能力，避免在下次犯同样的错误。

所以在我看来，职场"小白"在面对领导时，首先要端正心态，领导也是普通人，他们只不过比我们多了几年的工作经验，多看了一些产品，多踩了一些坑，所以他们可以很容易地看到你方案中的问题，但正是领导的这些经验和能力，才可以让我们在初期快速提升自己，绕过领导踩过的坑，从领导身上学习到他的优秀品质和专业能力。

　　职场"小白"与领导相处最关键的就是——汇报思维。这个思维之所以重要，是因为"小白"遇到的很多问题都绕不开它。

　　在我的自媒体账号后台，经常有职场新人朋友给我留言，诉苦自己初入职场，总是被职场老人欺负，不仅要处理自己负责的事情，还要给某些老资历的同事打杂，经常出力不讨好。对于这种诉苦，我经常会问留言的朋友："你有跟领导反馈过吗？"他们的回复一般是："领导不会管的。"我又会再问一遍："那你到底有没有跟领导沟通过呢？"他们的回复一般都是："没有。"

　　在我看来，可能是由于学生时代养成的习惯，很多人都比较排斥直接跟老师沟通，而这个习惯又被一部分人带入了职场，导致了很多人排斥直接与领导沟通。

　　但职场不同于学校，学会与领导沟通是获得领导支持从而实现自己职业发展最重要的一个技能。

　　所以对于那些被老资历同事欺负的职场新人，我一般会给出两个建议：

1.汇报思维。新人加班不可怕，可怕的是领导没看到。如果同事经常给你他的工作，那最好的办法就是每天向领导汇报，自己做了什么，哪些是自己的工作，哪些是别人的，这样既促进了与领导的感情，又展示了自己的工作成果。

2.成长思维。把自我成长放在第一位。职场新人被安排额外工作不可避免，如果是可以提升业务能力的工作，大可乐观接受，但如果是琐碎无意义的工作，果断拒绝，勇敢说不。

当我们理解了汇报思维的重要性，下一个问题就是"我们该如何跟领导汇报了"。跟领导汇报是很考验思维逻辑的一件事情。

我刚入职场时经常通宵写方案，但第二天将熬夜赶出的方案提交给领导，本以为会受到夸奖，但最后得到的却是领导不是很满意的表情。当时也不太敢直接问领导问题，在受了几次挫折之后，我请教身边的同事，同事说得话让我恍然大悟，他说："有时候怎么说比怎么做更重要。"

因为领导们都很忙，根本没空细看方案，所以汇报方式就起到了关键作用。一个高效简洁的汇报可以让领导在短时间内理解到你的方案的重点，从而快速地评估方案的好坏。而如果你的汇报没有逻辑，没有重点，一方面浪费领导的时间，另一方面也会让领导质疑你的逻辑能力。

那该如何跟领导进行有效的汇报呢？这里跟大家分享汇报的黄金五步：结论＋原因＋结论＋措施＋建议。

比如你需要跟领导汇报今天的会议被取消，那么第一步先说结论，比如：张总，今天的会不能如期举办。这样可以让领导快速地知道你汇报的内容核心。接着说明原因，比如：因为销售同事不能前来，在原因后面紧跟着结论：所以会议取消了。这前面的结论＋原因＋结论的部分，目的是让领导快速知道你汇报的内容以及汇报的原因，从而让领导评估这件事情的重要程度和紧急程度。

接着我们要给出措施，比如：我已经通知其他参会人员会议取消。最后要给出个人基于这件事情的建议，比如：我沟通了各个部门，会议延后到下周一，您看可以吗？最后两个部分是很多人都会漏掉的，你要知道向领导汇报不是为了得到领导的意见，你要充分利用这个机会表达出你的观点和你的分析。不要害怕自己的分析是否错误，因为你的分析肯定是不如领导分析得透彻，这样做可以通过表达自己的观点，让领导认为你是一个会思考的人，也会对你更加印象深刻。

自他认知：
明白自己处于什么位置上

相信所有职场"小白"在刚进入职场的时候，都会很头疼如何跟同事搞好关系。同事们性格迥异，有的人外向开朗，有的人沉默内敛，有的人和蔼可亲，有的人要求严格。除了性格上的区别，同事们的角色也非常复杂，有的同事属于自己的小组，有的同事等级远远高于自己，有的同事隶属于其他部门。

我初入职场的时候，就不知道该用什么样的方式和态度对待不同的同事关系，尤其是在对待其他部门同事的时候更是很茫然。当时最让我头疼的是跟销售部门的同事打交道，因为销售部门需要承担销售业绩，就会收集到很多客户提出的要求，尤其是一些大客户提的要求往往非常严苛。于是销售同事就会把这些问题反馈到产品部门，并且督促产品部门给出具体的开发计划和上线时间，但销售同事提出的要求常跟产品部门自己的产品规划节奏不一致，所以两个部门之间经常闹得很不愉快。

公司新人为了更好地完成工作，该如何处理与同事的关系呢？这里我给大家分享两个关键点：第一个点叫作"对事不对人"；第二点叫作适当给压力。

先说第一点，对事不对人。我见过的很多同事间的矛盾都是因为其中一方把工作上的矛盾升级到了对于另一方人品上的质疑。我们需要明确一点，我们的同事，其实是因为同一家公司需要很多人的合作才聚到一起的，所以同事最根本的关系应该是合作，既然是合作，当然会有意见不一样的地方，会有争执和矛盾，但这些矛盾的核心一定是为了更好地完成工作，从而让公司有更好的发展。

很多非常优秀的企业（比如国内的BAT）都会有同一个文化，就是鼓励大家争吵，因为这些优秀的公司相信就算员工们争吵得再凶，他们也都是为了更好地完成工作，在争吵中更容易碰撞出更好的想法。所以在国内顶级的互联网"大厂"里，你会经常看到在会议室里争执得面红耳赤的一群人，或许是因为方案的选择，或许是因为技术的难题，但即使之前争吵得再凶，只要是会议结束，大家仍旧是彼此合作、彼此信任的一群人。

当然，这些争吵也不能排除是一些人故意引起的情况。虽然这种情况不常发生，但遇到这种情况的时候，你需要先冷静下来，判断这个人是不是有意地跟你过不去。如果你判断这个同事就是刻意为之，也先不要与之针锋相对，先拿出自己的能力和业绩证明，再通过上级领导解决你们之间的矛盾。

第二点叫作"适当给压力"。学会给同事压力是一个非常重要但极少有人能做到的事情。还记得前段时间为了完成一版产品设计，需要搞设计的同事先出视觉稿，在我好言好语地请求帮助后，负责设计的同事也只回了一句："最近任务太多，等等吧。"

过了几天，我找到他，跟他说明了这个产品的重要性，告之需要一周内出设计稿，如果因为设计而延期上线，老板生气的后果需要他来担着，三天后，搞设计的同事提前交付了视觉稿。

想要做成一件事，适当给对方一些压力比好言好语更容易得到你想要的。

在成人世界，学会给人压力，也是个人能力的一种体现。

所以学会给同事压力，并不是故意为难他，而是为了能够更好地完成自己的工作。还是那句话，公司是一个让大家通过合作实现公司价值增长的地方，不要让个人感情干扰工作的正常完成。

回顾一下，在与大家分享如何与同事相处的这一部分，我与大家重点分享了两个核心的思维，第一个叫"对事不对人"，也就是把争吵停留在事情的层面，不要上升到人身攻击；第二个叫作适当给压力，也就是通过适当地给同事压力，从而更好地实现自己的工作目标。

顺利度过
工作试用期

　　试用期对于很多刚毕业的职场新人来说，是一段特别紧张的时期，很多人生怕自己试用期没做好，让好不容易拿到的Offer就这么没了。

　　你觉得试用期不通过的概率高吗？从我的观察来看，试用期不通过的概率一般不会很高，但绝对是有可能发生的事情。

　　之前在我带的团队里，就曾有一个试用期员工没有成功转正，这个人在试用期的最大的问题就是不仅学习能力不够强，学习的意愿也不够足。这一点对于试用期员工来说，真是一个致命的缺点。通常大家对于刚毕业的人的专业能力虽然有一定的预期，但大多不会太苛求他在刚开始工作时的成果。如果你本身能力就不足，又不愿意主动去学习，甚至别人主动教你都不愿意去学的话，就会非常影响大家对你的看法了。

　　那么，如何才能提高自己试用期的转正概率呢？可以从三个方面来做，第一个是领导的满意度，第二个是同事的满意度，第三个是自己的满意度。

先从第一个领导的满意度说起，一般试用期员工是否转正的决定都是由该员工的直属领导来认定的。如果员工的直属领导认为该员工是一个可塑的人才，那么这个员工转正的概率基本就是百分之百。这个道理也很容易理解，因为试用期员工转正后能否做好，直接影响的就是该员工的直系领导的业绩，所以最终拍板的也是他。

如何让领导对自己满意，其中有两个方面非常重要。

第一个方面叫作成果的可视化，也就是让领导充分地看到你在试用期做了什么。

我曾经带过的一个应届生这方面做得就特别好，他每周都会主动写一份周报给我，上面会分成三个栏目。在第一个栏目，他会非常清晰地写上这周做了什么，具体到每一件事情的细节。第二个栏目，他会写下周的计划，比如周几会完成设定的产品设计任务。第三个栏目，他会写上自己这周的心得体会，自己学习到了什么，犯了什么错误，有哪些不懂的地方需要我的帮忙。这个同事做得真的是非常好，所以他的转正申请我毫不犹豫地给他通过了。他的做法我们不妨也学一学。

让领导满意的第二个方面就是表现出强烈的学习意愿和学习能力。可以想象一下，如果你是领导，你是不是会喜欢那些不太耗费你的精力，教东西一遍就会的下属呢？所以将心比心，你也要对领导体现出强烈的学习意愿和能力。千万不要抱怨自己学习能力差，你可以利用业余时间进行补习和复习。我建议大家在刚入职场的时候，不要一下班就完全不想工作的事情，这时候的你更应该花时间和精力，努力地提高自己。

提高转正概率的第二点，同事的满意度。这里说的同事的满意度，不是说某个同事的满意度，而是与你共事的同事对你的整体印象。一般来说同事的满意度并不会直接影响你是否转正，但如果你在同事中的风评太差，是极有可能影响到领导对你的看法的。

道理很简单，大部分领导看重的都是员工的协作能力，即使某个下属的能力很强，但如果因为你而影响了很多其他同事的工作，你也很难转正。

让同事对你满意的方法其实特别简单，就是真诚一点，谦虚一点。刚入职场的时候，有一些累活你需要主动承担，有集体活动尽量参加，从而体现出你是一个很真诚的新人，自然就会受到大家的欢迎。

提高转正概率的最后一点，自己的满意度。很多人其实没有意识到试用期不仅仅是公司对你的试用期，也是你对公司的试用期。也就是说，你也可以在试用期内去考察这家公司是不是你真的想待的公司，当然，这些是你在选择Offer的时候就需要提前考虑清楚的。但如果你在试用期内发现这家公司真的不是自己喜欢的，或者公司的文化是你非常不认同的，你也有选择离开的权利。

总结一下成功通过试用期的三个核心要素：领导的满意度、同事的满意度和自己的满意度。

尽早摆脱五种"学生思维"

如何成为学习高手

　　我带团队的时候，经常会有一些刚毕业的新人让我很头疼，刚从学校毕业的年轻人身上带着很浓厚的学生气息，会让你很难真正地把重要的任务交给他们。在很多学生思维里，有一个非常普遍的问题，就是不主动。可能是习惯了在学校接受老师的安排，上课是老师规定的时间，学习的内容是老师确定的知识点，考试范围也是老师圈定的内容，很多人习惯了把所有的安排都交给老师，反而忽略了在职场，主动是非常重要的。无论是对同事、领导还是对客户，职场新人都要足够地主动，才能把握住更多的机会。

　　所以这部分内容我会与大家分享我经常看到的五种学生思维，希望大家可以对照着反思一下自己是否存在这些思维，如果有的话可以逐步改正。

　　第一种学生思维，不敢麻烦别人。帮别人时热情满满，请求帮助时唯唯诺诺，不知道人情最需要往来。跟很多新人一样，我在刚入职场的时候特别怕麻烦别人，一般有什么事情能自己做都自己做。有一次需要给客户一个产品方案的介绍，其中有几页需要负责设计的同事帮忙出设计图，但因为项目比较急，我又不想太过麻烦这位同事，就自己熬夜搞到了很晚。当然结果是方案的效果并不好，领导问我为啥有几页的设计图看起来比较粗糙，我说明实情后领导说了一句让我反省了很久的话，领导说："你要想在职场做大事，就要学会利用好手头的所有资源，包括动员所有的同事资源来为你做事，你一个人的精力是有限的，一定要学会请求别人的帮助。"同事之间正是因为互相帮忙的事情多了，才变得更加熟悉。

第二种学生思维，不敢维护自己利益，以为退一步海阔天空，其实只是没有计较的勇气。很多职场新人刚入职场的时候，特别不敢拒绝别人的请求，即使这个请求与自己没有关系。有时候自己应该获得的利益受到了侵害，也不敢为自己伸张正义。而当你不敢维护自己利益的时候，其他人会更加地"得寸进尺"，所以在职场该维护自己应有的利益时，一定不要退缩。

第三种学生思维，一味拒绝自己，总希望准备好之后再行动，不知道成人世界风险与机遇并存。之前我的团队有一位刚做产品设计的同事，每次完成任务的速度都特别慢。后来我跟他聊天时，发现他有一个非常大的缺点，总想把产品整个流程都想明白再动笔，但对于他的个人能力而言，他很难直接从全局把控产品设计。于是我就跟他说，你先试着从一个小的功能点开始设计，然后逐渐延伸到其他相关的上下游功能点，自下而上地设计产品试一试。采纳我的建议后，他的工作速度明显有了大幅提升。职场中没有那么多给你准备好的机会，更多的时候是需要你基于此时此刻的情况，快速做出判断并且完成好自己的任务，所以不要给自己设置太多局限，走出第一步比什么都强。

第四种学生思维，太谦虚，社会需要的不是学生，而是展示自己的能力人才。适当的谦虚可以让自己保持求知的欲望，但在职场则不宜太谦虚，因为太谦虚会让你错过很多机会。我在第一家单位晋升最快的那段时间，就是我在申请做新项目的时候，虽然我并没有觉得自己是最合适的人选，但在公司选择负责人的时候，我很自信地推荐了自己。在职场，很多时候，对于一件事如果你足够相信自己可以做到，那你就一定可以做到。

最后一种学生思维，以为努力就有收获，社会不是考试，选择比努力更重要。在学校的时候，只要你努力，你的成绩就会有或多或少的提高，但职场并不是这个样子。职场的很多事情并没有因果关系，但如果你的方向选错了，你越努力效果可能会越差，所以要尽快地培养自己对于大方向的判断能力。

跳槽前的准备

如果想成为优秀的职场人，那么跳槽这件事一定是跳不过的一环。随着现代职场的分工细化以及新兴行业的快速发展，跳槽这件事从以往职场避而不谈的禁忌话题，逐渐地变成了大家习以为常甚至以此来提高自己的薪水的职场生存工具。

关于跳槽这种事，我自己算是比较有经验的了，我差不多就是在两年前跳槽到互联网"大厂"，所以非常理解很多人普遍都有的焦虑和拖延症。

跳槽对于很多职场人来说是一个肯定会经历的事情，那想跳槽之前我们该做什么？

首先第一点是在决定跳槽的时候千万不要冲动，也不要太着急。很多人在冲动之下常常"裸辞"，他们都觉得"裸辞"是一件特别酷的事情，但在我看来，"裸辞"其实是一种没有能力的逃避。很多人"裸辞"的原因通常是这份工作做得不舒服，不喜欢领导，不喜欢公司的制度。如果你总是把对于工作的不喜欢或者自己本身能力上的不足归罪于这些外界原因，那你即使跳槽成功也很快会再次面临这些问题。

所以在决定跳槽之前，先问问自己是不是真的想明白了一个问题——我为什么要跳槽？如果你跳槽的原因是你不喜欢这家公司，你不喜欢这份工作，你不喜欢同事、不喜欢领导，那么我建议你先反省一下自己是不是做得不够好？是不是你没有养成可以跟同事和领导和平共处的能力呢？当然也不排除某些极端情况下，你就是被"针对"了。但在我看来，很大可能是因为你自己也有需要提升的地方。

如果你跳槽是因为你本身不适合这个行业，或者觉得目前公司的平台太小，那么我是非常支持你跳槽的决定的。如果你认定自己不适合这个行业，那么换一个你适合的；如果你觉得目前公司的平台太小，那就换一个大平台。我之所以支持这类跳槽理由，是因为这种跳槽对于你在职场中的发展是有帮助的，也是经过你自己认真思考的。但是我仍然不建议太着急地去跳槽，在正式跳槽之前你最好提前做一些准备。比如说你想换行业，就不妨做一些职业性格测试，找一些相关行业里的人聊聊天，看看自己是不是真的适合新的行业。如果你想跳槽到大公司，你最好花时间研究一下大公司的岗位要求，研究一下面试题和新岗位必备的能力。一边在原公司继续工作，一边用业余时间去学习，也可以提高你跳槽成功的概率。

第七章

知行合一：
打破生活枷锁

HOW TO BECOME
A GOOD
LEARNER

··········

聪明人如何应对财富焦虑

如何成为学习高手

曾经有粉丝问过我这样一个问题：

"请教您一个问题，我是一个普通大学生，没有什么特长，但是却很愿意去学习我喜欢的爱好和兴趣，因为我想全面发展，变得优秀。但是我慢慢发现，虽然我学得很多，但却没有收获，因此就有了压力和迷茫。之所以迷茫，是因为我平衡不了这么多吗？是因为我急功近利吗？我很难做到慢慢来，总想着一夜暴富，我野心很大，而能力不足，我该怎么办？"

这个问题我相信很多人都在人生的各个阶段遇到过，说实话，我自己也多次因为看到不学习的意义而迷茫，进而感到焦虑。后来我发现这种焦虑背后的心理逻辑非常简单——我的能力配不上我的野心。

在这位朋友问题的前半部分，他说了自己很喜欢去学习不同领域的知识，觉得这是因为爱好和兴趣，因为想全面发展和变得优秀，但在他问题的后半部分，又表现出了很浓厚的功利主义倾向，以及用钱来衡量自己的学习的价值。

这就是他焦虑的原因，来源于对学习成果金钱化体现的期待和学习实际成果的落差。

学习的意义

学习一定是一个长期的事情，不要期望学习可以在短期内让你一夜暴富。如果有人跟你说，学习什么东西就可以一夜暴富，那他绝对是在"割韭菜"。学习一个新领域的知识，不是几周就可以完成的，大家应该听说过1万个小时定律吧，如果你想成为一个领域内的专家，需要刻意练习1万个小时，所以指望你的学习能够给你带来财富，不要急功近利。

在我开始运营自媒体之前，我从来没想过我大学时因为一时兴起而去学习和实践的公众号运营经验对我能有什么作用，我也从来没想过自娱自乐时学习的视频剪辑技能会有什么帮助。在大学时因为兴趣爱好想去写文章，所以就注册了微信公众号，想去记录生活，所以学习了基础的视频剪辑软件。后来这一切都在我工作两年后被用上了。我自媒体账号的每一个脚本、每一个视频，都是我自己亲自撰写和剪辑的。

我特别喜欢一句很鸡汤的话："人生没有白走的路，每一步都算数。"

财富的本质

学习一定会增加自己的财富吗？不一定。

以我对于财富的理解，财富的本质就是创富的人提供的产品或者服务可以满足社会中人的需求，从而人们愿意给创富的人付费，创富的人有了更多的财富。所以，无论你是一名作家、一位创业者或是一名医生，赚钱的本质都是满足了别人的需求。

做产品经理的这几年，我学习到的最重要的一个底层思维框架就是"以用户需求为导向"。所有在市场上成功的互联网产品，一定是因为满足了更多人的需求，进而才获取了更多的财富。

所以学习不一定会增加自己的财富，但专家级的知识储备一定可以。

我们凭什么认为自己学习了一些兴趣爱好就可以有更多财富了呢？

有人会愿意因为你学习了钢琴就给你付费吗？大家愿意付费的是那种大师级的音乐家，因为他们的音乐满足了人们听觉享受的需求。有人会愿意因为你学会了画画就给你付费吗？艺术市场上的那些各种流派的名画之所以价值连城，是因为那些名作满足了人们对于艺术审美的需求。

为什么有的人绞尽脑汁做短视频也没办法做出一个有影响力的账号，而那些行业大咖随随便便对着镜头说一句话就能斩获百万粉丝？究其根本，还是知识深度和广度的关系。

我特别喜欢一些视频。这些视频不仅有趣，而且

"干货"满满。

所以你该怎么做？我的建议是用长期的学习来换取长期的财富。

我特别喜欢我爸一直跟我说的一句话：人生不是一场短跑，你没必要在人生的前十年就拼命地跑，把所有能量都耗光。人生是一场马拉松，比的是耐力和韧劲。

保持好学的态度，但摒弃急功近利的想法。在年轻的时候多学习，当知识和能力积累到一定阶段后，财富会自动找到你。

身边的人太优秀
怎么办?

如何成为学习高手

　　人是社会型动物，生存在社会中就会与他人进行比较。在中学的时候，我们会跟班里的同学比较谁的成绩更好，到了大学，我们开始跟周围的同学比较谁的家境更好、谁的发型更帅，到了职场，我们会跟同事比较谁的职级更高、谁更受领导喜欢。中国有句老话叫"人比人气死人"。只要我们去跟别人做比较，就总会有各种不满足和嫉妒心理产生。这种对于别人优秀的嫉妒和羡慕若是处理好，就会让我们产生积极进步的动力；若是处理不好，就会让我们陷入自我否定和消极情绪中。

　　有位参加2020年高考的美术生就提过这样一个问题：平时无论是在学校还是画室，总会看到一些同学在某些方面特别优秀，而且他们也不是很勤奋，甚至上自习课还睡觉。比如有些同学数学考试每次都有145分，有些同学画画特好……心里不知道是嫉妒还是自卑，开始有了人家天赋好，而自己的努力和付出就不配得到这些优秀的成绩这样的疑问。

首先我很感谢这位朋友可以非常坦诚地提这个问题，他可以很坦诚地说出自己的嫉妒和自卑的心理，说明他是一个对自己比较了解的人，这种解剖自我的思考能力其实是他的一个很大的优点。畅销书《自控力》中就说过这样一个观点，你首先要拥有知道自己在想什么和知道自己为什么会这么想的能力，才能拥有改变自己，让自己变得更好的能力。

言归正传，这位朋友问题的核心是什么？在我看来是他错误地理解了"优秀"这个概念。在这位朋友的问题里描述了某些非常优秀的同学，他们不怎么学习，但成绩就是很好，他们数学成绩可以非常高，他们画画很好，但这些都不是真正意义上的优秀。

在这个社会上有两种对"优秀"的定义，一种定义优秀是基于群体的优秀。比如说在一个班级群体里，我们默认那些成绩排名比较高的同学是优秀；在一个公司里面，我们默认那些职位更高的人优秀。人是群体动物，有的人天生天赋好，所以花很少的时间就可以学习更多的东西。但这个社会上还有另外一种优秀，那就是基于个体的优秀。比如说今天的你比昨天的你多学会了一种技能，明天的你比今天的你又有了新的进步。这也是优秀。

这两种优秀的区别是显而易见的，第一种基于群体的优秀很多时候你是无法改变的，而第二种基于个体的优秀，却是我们可以掌控的。这里，我没有让你不去重视群体定义的优秀，因为无论是求职面试还是高考排名，最后看到的都是你在群体中的排名。

我们该如何协调两种"优秀"，让自己能拥有更好的成绩呢？

第一步，把群体优秀作为你的努力目标。你需要去重视自己的每一次排名，去看到自己跟别人的差距。第二步，把个体优秀作为你努力的路径，在你努力的过程中不要太在意排名，在意自己每一天有没有进步即可。通过这种方式，我相信你会突然发现，只要专注在个体上的努力，你在群体中一定会脱颖而出。

关于优秀焦虑，有朋友提过一个特别有代表性的问题。这位朋友叫懒懒，他觉得自己的阅读能力比较差，读书常常三分钟热度，翻几页书就犯困。而且阅读速度很慢，一天最多也就能看几十页，想知道如何才能爱上阅读。

对于自己的各种能力有质疑，觉得自己的学习能力和读书能力都很低，该怎么办呢？

第一点，你要明确读书慢不一定是个坏事。要知道达·芬奇、爱迪生、爱因斯坦、肯尼迪，这些名人在儿童时代都被认为是成绩极差的"笨孩子"，都属于阅读障碍症的典型例子。所谓的阅读障碍症，就是读书很慢，很多时候需要念出来才能进行正常阅读。而那些伟人之所以能够成功，就是因为阅读障碍症。因为读书很慢，所以他们更能深刻地理解书中的精髓，对于书中的精华也更能清晰地进行记忆。所以我不是很推荐大家在读书的时候，尤其是读好书的时候追求速度。

如果你非要想拥有一个快速阅读的能力，那么最好的方法一定是多阅读了。我一直认为只有阅读的数量足够多，你才能将字与字之间的关联形成一种潜意识，才能在阅读的时候进行跳读。

第二点，如何培养自己读书的兴趣？必须承认，有的人就是很喜欢阅读，而有的人一看书就犯困。在我看来，这两者的本质区别就是阅读的目的不同。设想一下，如果你在读一本你很喜欢的小说，你还会感觉到无聊吗？所以给自己营造阅读的目的是非常重要的。举个例子，我最近觉得自己的谈判能力很差，差到影响了我的工作，那我在读一本谈判类图书的时候，就会非常有目的性，这种目的性会督促我把这本书仔细看完。所以每次读书的时候，给自己定一个目的非常重要，比如你在读英语书，你的目的就是之后可以通畅地去国外旅游等。

第三点，在我看来爱读书最核心的能力是培养自己对于文字的感觉。这是一个很玄妙的事情，我在读书的时候，看到作者的一些精彩论点常常会拍案叫绝。

这其实就是对于汉语文字的一种感觉，而这种感觉是需要花时间培养的。我认为最高效的一种培养方式就是大声朗读，你可以坚持一个月试试，每天早上拿出半个小时，大声朗读一本书的片段，这会帮助你快速培养对于文字的感觉。

以始为终，自我超越

如何成为学习高手

杨绛先生说过一句很经典的话："你的问题在于书读得太少，而想得太多。"

无论是在学校还是职场，很多时候我们的情绪问题都来源于内心的不稳定。面对选择总是会举棋不定，患得患失地做出选择后，又不能坚定自己的选择，导致自己最终陷入自责和沮丧中，就像是走进怪圈里一样，总是绕不出来。

之前有个朋友问过我这样一个问题：这位朋友学的是护理专业，本来想要"专插本"，但是因为周围同学陆续参加社团，所以他也在考虑要不要去参加社团，如果去的话呢，他又很内向，之前有面试过学校社团外事部门，结果因为性格内向被淘汰了。虽然加入了新生群但却融不进去，因为其他人不喜欢他的说话方式。以上种种不知道是不是他的问题，希望我能够给他解答这个困惑。

我认为导致这个朋友情绪波动的关键就在于他内心不够坚定。

在这个朋友的问题中陆续地提到了很多事情，包括"专插本"、社团、学校社团外事部门、新生群。他讲的每一件事，仿佛都想去做，但最后都因为种种原因没有坚持去做，而且还把原因都归结到了外部的因素上。比如别人的行为、别人的说话方式等。其实这不是他一个人存在这样的问题，我在很多人的身上都隐约能看到类似的情况。出于各种各样的原因，不知道自己该做什么，没办法坚持去做一件事。这个问题其实很严重，如果这个朋友的大学生活一直以这种状态度过，那么我敢断言，在他毕业的那一刻，他会发现自己什么都没做好。其实不仅是大学时期，这种状态会一直延续到工作甚至家庭生活中。内心不够坚定往往是我们异常情绪的起因。对于他的问题，我给他回了这样一封信：

　　通过你的描述，我觉得你有一个比较严重的问题，这个问题就是内心不够坚定。如果你听说过一万个小时定律就应该知道，一个人能够成为一个行业中的专家，是需要一万个小时的刻意练习的。一万个小时是个什么概念呢？即使你每天能抽出8个小时专心于一件事情，那你也需要1250天，差不多三四年的时间。三四年是不是就是你整个大学的时间呢？这也就意味着，如果你不能专注于一件事情，你将很难把这件事情做好。

所以现在对你来说，最重要的不是别的同学有没有参加社团，别的同学在新生群里说了什么，社团有没有淘汰你。对你来说最重要的是，你的大学时期的目标是什么。你可以设定自己的大学是努力地学习，从而成功"专插本"，同时通过参加社团来提高自己的相关能力，这些设定的前提是你需要专注地把你的目标做好。

如果你能理解我前面一直在强调的专注的重要性，那么接下来我跟你分享一下如何才能真正地不受外界干扰，专注地去做一件事情。《高效能人士的七个习惯》里面，第二个习惯就是"以终为始"。所谓的"以终为始"就是你要先知道你想要达到一个什么样的终点之后，再去倒推你该如何开始。

如果我是你，那我就会在大一的时候设定，在我毕业前要完成两个核心的目标：第一个是成功地"专插本"；第二是让自己的性格更外向、口才更好。

设定好这两个目标之后，我会把这两个目标打印出来贴到宿舍的书桌上，每天都看一遍，从而督促自己。接着我会为了"专插本"的目标，设定从大一到大三我想要复习哪些知识，需要准备哪些材料。我会为了提高口才的目标，去参加学校的辩论队而不是学生会的外事部门。即使我被辩论队淘汰，我也不会去抱怨辩论队的淘汰机制，而是去反思自己是否真的太过于内向，然后尽可能多地去讲话，去演讲，从而提高自己的口才。所以你明白了吗？专注做一件事情需要的不是多强大的自制力，而是在你出发的时候，就能明确知道终点。

拆解目标，
干掉计划焦虑

如何成为学习高手

每次新学期或者新一年开启之时，我们都会信心满满地列下成堆的计划。接着不知怎么的，大半年就过去了，不仅列表上的任务一项都没完成，甚至连当时绞尽脑汁制订的计划是什么都忘了。就这么反复几次之后，很多人就会在潜意识里面抵触列计划这件事情，我叫它"计划焦虑"。就是因为没办法完成自己的计划，从而对于计划本身产生强烈的焦虑。如果不能克服计划焦虑，很多人就会在学习和工作中演化出强烈的拖延症。因为不敢列计划，所以不知道自己接下来该做什么。因为不知道自己该做什么，所以迟迟不敢开始做自己应该做的事情。有个名字叫Orchid的朋友就问过这个问题：

学长你好！我有一个问题想请教你，很多时候自己制订了为期一个月的学习计划，但常常坚持到一半，就很难坚持下去了，想询问如何才能完成较长时间的学习计划？

对于他的问题，我是这样拆解的：

首先在回答这个问题之前，我先问提问者一个问题，你是否在提问之前，自己有真正地想过这个问题的原因？我之所以这样问，是因为这个问题决定了你解决问题的能力。解决问题的能力是你在读书甚至毕业之后的一个必备的核心能力。定了目标但没有完成的现象，是普遍存在的一个问题，不同人的原因是不一样的。有可能是因为你的目标定得过大，有可能是你没有把大目标拆解成一个一个的小目标，甚至有可能你从源头上就制定了一个错的目标。所以你的问题出在哪儿呢？

我们在学校和职场中会遇到各种各样的问题，能否准确地提出问题，接着针对自己的问题找到对应的解决方案，这是一个非常重要的能力。这个能力的高低，也决定了职业发展的高度。

所以在听我的解答之前，我建议提问者以及所有有这个问题的朋友，先问问自己问题到底出在了哪里？

在大家想清楚之前，我先说我的建议。所有目标从提出到完成都会经历四步，第一步是制定目标，第二步是拆解目标，第三步是执行目标，第四步是优化目标。这四个步骤依次发生，又相互依赖。有一个步骤出现问题，都会导致目标完成的失败。

对于第一个步骤制定目标，我建议你去制定一个自己努力一下能够达到的目标。这个目标可以比你现有的能力范围稍微大一点，比如你现在是班级"中游"，那么考到班级"中上游"对你而言就是一个努力一下就可以达到的目标。这种目标不会给你太大的压力，但又能让你有努力的动力。实际操作中的目标强度要把握好，如果目标太小，那这个目标是没有意义的，如果目标太大，很容易导致半途而废。

对于第二个步骤拆解目标，这是很多人都会遗漏的步骤。比如说你想要期末考到班级前五，那么在这半年的时间里，你需要拆解到每周要实现的目标。大目标是你前进的方向，而拆解之后的小目标，是你可以实现的一个个里程碑。这就像马拉松选手在跑一个远距离的马拉松时，会设置一个个的路标，通过完成一个个的小目标，可以让大目标看起来没有那么困难，也可以通过小目标给到自己正向的激励。

对于第三个步骤执行目标，这个问题就比较重要了。无论是你的拖延症还是较差的执行力都会导致执行目标的失败，我给大家一个小的建议，就是在执行目标的时候，把你的目标贴在足够显眼的地方，比如你的课桌上、你的卧室里，时刻提醒自己。

最后一个步骤优化目标，也是很多人容易忽略的地方。没有谁的目标在最一开始制定的时候就是完美的，所有的目标都是要动态优化的。比如你最开始制定的目标是达到班级"中上游"，但在期中考的时候你就已经完成了目标，这时候你要做的是继续提高自己的目标，比如直接提高到班级"上游"。优化目标的标准是什么呢？就是我在第一步中提到的，设定一个当下对于你而言努力一下可以达到的目标。

环境思维:
审"境"自立，跳出怪圈

　　只要是学习，无论是在学校学习还是在工作中自学，都会遇到成绩焦虑这个魔咒。成绩作为衡量我们学习质量的唯一指标，就像达摩克利斯之剑一样悬挂在我们每一个学习者的头上。更可怕的是，我们越在意成绩这件事，就越难取得更好的成绩。尤其是在高考这种压力来临之前，如果成绩波动异常甚至快速下滑，对于我们的内心打击都是巨大的。那么当我们面临成绩不理想的时候，该如何克服焦虑，甚至借着这个机会逆风翻盘呢？

　　曾经有个高三的学生给我提过这样一个问题：作为一个高中生，在高三这一年，他以前擅长的生物、政治的分数一直在下降。考试前很容易焦虑，害怕考不到理想的分数，从而焦虑到睡不着。因为成绩下降而得不到老师的关注，自己又很期望被老师鼓励。面对他的成绩焦虑，我给他的回复希望也能够对大家有所启发。

看完你的留言，我很开心你可以在高三刚一开始的时候就发现了自己的问题。这几个问题目前看起来真的很严重，而且如果处理不好，很容易造成恶性循环。因为焦虑所以分数下降，因为分数下降所以得不到老师的关注，因为得不到老师的关注自己更加焦虑。这样一想，如果不能及时地扭转局面，这个高三很容易就垮掉了。

在正式开始解答问题之前，我还是要跟大家聊一个比较深入的话题：如果发现自己正处于恶性循环的怪圈中该怎么办？熟悉我的朋友应该都知道，我一般不会在最开始直接去给解决方案。一个原因是我给出的方案不一定适合每一个人，我能教给大家的是我的思考逻辑。另一个更重要的原因是，我希望我的文字能够帮助大家养成一些底层的思维能力。

比如你在高三的时候会遇到学习成绩下滑的恶性循环，在职场中也可能会遇到业绩下滑的恶性循环，甚至你在情感中也会遇到情侣争吵的恶性循环。如果我们能提前拥有跳出恶性循环怪圈的能力，就可以在之后的人生中避免走入人生的恶性循环。

在我看来，要打破恶性循环的根本方法就是树立一个更加长远的目标，从而跳出这个怪圈。

这样说可能比较抽象，就拿之前那位朋友提的问题为例，如果我们一味地在这个怪圈内寻找突破口，我们能做的就只有想着提高每次考试的成绩。但这种方式只会让你在考前更焦虑，状态更不好，从而更不受老师的关注。

但如果我们从怪圈里跳出来，树立一个长远的目标——高考拥有一个更好的成绩呢？相比于关注高三每一次小考、每一次月考的成绩，我们只关注高考的成绩，就是一个更加长远的目标。

这样树立目标有什么好处呢？当我们把注意力只放

在高考成绩上后，我们就可以把高三的每一次小考都当成查漏补缺的机会，而不是老师是否重视自己的机会。这样一来，当其他人还在为分数焦虑的时候，我们却可以很开心地说，通过这次考试又发现了几个自己不会的知识点。这种心态的转变可以从根本上缓解我们的考试焦虑，因为你关注的不再是这一次的考试成绩，而是这次考试验证了你还有哪些知识点没掌握。

改变了心态之后，你一定要坚持把每一次考试都当成非常珍贵的查缺补漏的机会。发现自己不会的知识点，就赶紧复习和巩固，如果理解不透彻，就赶紧去问老师。

一段时间后，你就会发现，通过这个方法你也可以更好地跟老师建立关系。因为老师不仅喜欢成绩好的学生，他们更喜欢主动去问他问题的同学。而且通过这种学习方式，你的成绩反而会比你对成绩无比关注的时候更好。

对于成绩过度的在乎会导致很多人在学习的过程中

遇到偏科的问题，因为人在学习弱势学科的时候，会更加感觉到挫折，因为担心弱势学科学不好，潜意识做法往往不是花更多时间在弱势学科上，而是像一只鸵鸟一样把头埋在地里，不愿意去面对弱势学科。曾经有一个准高三的学生就问过我这样一个问题："存在偏科，在高中的最后一年应该如何合理地安排自己的时间？"

我当年高考660分，如果把单科成绩拿出来的话，其实没有一科算考得特别好，也就是英语考得还不错有143分，其他像语文、数学都是120多分。这其实跟我高中一直以来的习惯有关，我没有一个特别擅长的科目，每次考试单科排名基本都是班里十几、二十几名，我们班当时大概有八十个同学，但是每次我的总分都能排到班级的前十。

再讲一下我们班当时另外一个同学的故事。这个同学一直以来就很聪明，数学一直是他的强项，可能是因为男生相比女生的英语和语文天赋较弱，所以他的成绩忽高忽低。原因也很简单，如果遇到哪次考试数学很难，大家成绩都很差，他的强项就凸显出来了，但如果哪次数学题简单，他的排名就靠后。

听完这个故事，我想这个高三学生对自己的问题应该有了答案，高考是一次对你总分的考验，你没有办法提前预估你面对的高考哪一门比较容易，哪一门会难，所以如果你把所有的期望都放在单个学科上，这样的风险太大了。高考只有一次，从概率论的角度而言，如果你只有一次机会，你最好选择一个更加稳妥的方案。

那具体该如何安排自己的复习呢？我的建议是这样的：

首先，所有学科的复习进度最好跟着老师走，无论是你的强势学科还是弱势学科。高三的复习分为几轮，在高考前你差不多会经历四轮的复习，只要你这四轮复习跟着老师的进度走，并且自己掌握了每一轮复习的内容，那你的弱势学科也不会太差。所以跟着老师复习的时间内，你不要太考虑把时间花在哪个学科上。

其次，你需要重点考虑的是，自习或者周末的时候，你应该把时间花在哪里。有一个简单的原则，先把所有科目的基础掌握之后，再花时间在强势学科的难题上。举个例子，比如你这一周跟着老师的节奏学了数学的三角函数和地理的洋流暖流，那你周末就先把数学包括地理的基础知识都复习一遍，而且做到完全掌握。如果把所有科目的基础都掌握了，再适当地花时间在强势学科的难题上。这样就可以保证你高考的时候不被弱科拖后腿，用强势学科去提分。

除了对于成绩本身的焦虑，还有很多人会因为担心考不好而产生"考前焦虑"。常见的现象是一到考试前就各种身体不适，有的人遇到考试就失眠、拉肚子，甚至兴奋和焦躁，怎么也学不进去。而这种心态导致的结果就是成绩忽上忽下，心态也随着成绩时好时坏。

我当年读书的时候也存在这个问题，而且成绩变动的程度还都相当地大。比如我高一上半学期的成绩是班级第三，高一下半学期的成绩就是班级十名开外。于是我经常总结为什么有的时候明明感觉已经复习得很好了，但就是没考好，有的时候感觉没考好，反而成绩还好。

后来我总结出了一个规律，那就是如果我考前是一种浮躁的状态，感觉自己什么都会了，什么都学不进去了，那么考试的结果一定很差。但如果考前我感觉复习还有好多不会的，反而会考得还不错。经过总结之后我发现，其实这个就是心态在考试前的作用，保持一个不浮躁的心态会让人在考试的时候更仔细，也会有更好的发挥。这就像一个魔咒，在前一次考差的时候，心态会进入一种不浮躁的状态，反而考得好。而一旦考好了，心开始浮躁，下一次就考得差。

那该如何破除这种魔咒呢？我有下面三个建议。

第一个建议，考试后强迫自己不去看成绩，而是去看错题。尤其是高三最后一年，成绩对你而言是没有意义的，对你价值最大的就是错题。当然如果考得好，你肯定会不由自主地开始骄傲。没关系，发下试卷就去看错题，看完错题就开始分析错题和找到对应的课本知识进行复习。这样无论是你考得好还是不好，你眼前只有错题，从而会让你感觉自己不会的还有更多，心就不会那么浮躁了。

第二个建议，高三这一年强迫自己列下月度的复习目标。很多时候我们的浮躁是来源于无计划，一旦没有计划，你就会有一种错误认知，就是我都复习完了。但如果你可以提前做出一个复习计划，并且按照计划去执行，你就不会觉得没事情做。比如书看完了，是不是该复习错题了。错题复习好了，是不是可以对着错题重新做一遍。如果所有的错题都搞懂了，是不是可以让自己限定时间做一份新的试卷。

第三个建议，是关于考前状态的调整。如果即将面临考试，你觉得自己开始浮躁了，有一个很好用的办法来解决这个问题，找一份模拟题来做一做。因为只要你开始做模拟题，你就会知道自己根本没有浮躁的资格，因为你还有很多的题不会做。你不需要担心自己因为考前做试题没信心或者焦虑，反而这种状态可以帮助你更好地在考试的时候沉下心。

把看似无关的事物联系起来，无论何时何地都在学习

形象焦虑是一个非常有趣的话题，几乎所有人都会在人生的各个阶段因为自己的形象而焦虑。可能是因为自己塌塌的鼻子，也可能是糟糕的皮肤，或者是圆润的身材，但几乎没有一个老师会跟你分享如何提高形象。

这个社会又有一个非常残酷的现实，那就是形象气质好的人更容易被大家喜欢，更容易获得他人的帮助。

为什么我要在一本分享学习方法的书里分享关于提升形象的话题呢？因为在我看来，学习如何提升自己的形象也是一门很有趣并且很重要的人生课题。我自己在企业做了上百场的面试官，说老实话，一个面试者的形象气质是会影响他最后的通过概率。除非你真的是一个极其难得的天才人物，否则一个不修边幅的人给人的第一印象注定就会打折扣。学会形象管理是这个时代对我们的新要求。

有个粉丝问过我这样一个问题："学长，我是一个大一新生，我想要提升自己的整体形象，但是不知从何入手，我应该如何去做？"

我在大一的时候也曾经非常想提高自己的形象，尤其是看到校园里有那么多注重整体形象的同学。那大学的男生应该如何提高自己的形象呢？接下来我就分享几个非常容易上手的"干货"内容。

从我的观察来看，很多男生的五官其实并没有大问题，主要是不会打扮自己。可能会有人说男生还要打扮自己？当然，男生也要有自己的审美。一个男生形象的好坏90%取决于他的审美，而很多男生就是比较缺乏审美，审美是一个很重要的能力。看一幅画是审美，听一段音乐是审美，把自己打扮得帅气也是审美。

所以我的第一个建议是，提高自己的审美能力。在我高考的时候，山东省还有一门考试叫作基本能力。这个考试里面会涉及音乐、美术、体育等一些知识。所以我在高中时还一直学习美术，而且我们的美术老师也非常可爱且有才华，她教授的美术课简直就是享受盛宴。在美术课上，我认识了印象派、后印象派、抽象派，学会了互补色、反差色等。所以我建议无论是男生还是女生，想要提高自己的形象，可以从学习简单的艺术知识开始，比如学着去听懂一段古典音乐、去看懂一幅油画。

说到衣服的搭配，其实还有一个比较简单的方式，就是找到你喜欢的风格然后模仿。比如说你自己比较喜欢简约的风格，你就可以去找一些校园类的电视剧，然后模仿里面的男主角的穿搭风格。

第二个建议是几个需要长期坚持的事情，一个是健身，一个是洁面。决定一个人气质的重要因素就是体态，这也是为什么很多舞蹈生看起来很有气质的原因，他们整个体态传达出的信号就是自信和阳光的。而且体态是可以练习的，最常见的方法就是健身。当然我们不要自己瞎健身，有条件的话最好可以找个私教上几节课，如果条件不允许也可以通过一些健身App学习健身的基础知识，不然身体很容易越练越糟糕。

洁面也是一个非常重要的环节，很多男生皮肤状态很差，这样会让人看起来显得油腻。如果你是油性的皮肤，一定要选择温和的洗面奶，别用那种强力洁面的洗面奶。洁面之后，记得要涂不含酒精的爽肤水和面霜。男生护肤品我自己没有太合适的推荐，大家可以自行搜索，但记得一定要选适合自己肤质的。

第三个建议就是一些容易上手的内容了。一个男生想在短时间内提高自己的形象有两个方面，一个是换发型，另一个是修眉毛。换发型是个比较有技术的活，可以去一个稍微好一点的理发店让理发师根据你的脸型设计一下。修眉毛这个很简单，但却能发挥出巨大的作用。很多男生的眉毛杂乱无章，找一个修眉店帮你修理一下，会让你精神很多。大家不要觉得男生修眉毛是一件"娘"的事情，当你修完眉毛看到一个更英俊的自己后，就会觉得"真棒"。

通过这三个建议，希望你从大一开始就能够不断提高自己的形象，度过一段愉快的大学生活。当然在提高气质的过程中也别忘了多读书、多尝试。

　　除了形象气质，身材也是个非常容易让我们产生焦虑的大难题。之前有个粉丝就非常简单直接地问我："求科学减肥的方法，网上的减肥方法太让人眼花缭乱了。"

　　对于减肥这个事情，我不算是专家，但有过一段半年的减肥经历。我大四下半学期的时候，因为之前一年多要准备托福和GRE考试，导致那段时间压力特别大，而压力一大吃的就开始增多，时间一长也就迎来了我体重的巅峰。后来差不多用了三个月的时间，减掉了20斤，也算是有一点点自己的减肥经验。

　　那段时间我具体做了什么呢？首先我报名了学校旁边的一个健身房，然后固定每天下午5点的时候去参加健身房的各种大班课，比如动感单车、瑜伽、普拉提等，跟着很多人一起锻炼，持续到晚上7点结束，健身到这个时候一般就不饿了，顶多再买点水果和酸奶吃，所以体重很快就瘦了下来。

　　通过健身和适当控制饮食的方法是我最推荐的减肥方式，而且这种方式不容易反弹。通过这种方式减肥，即使后面你偶尔地暴饮暴食一下，也不会导致体重快速地增加。通过健身，身体的代谢速度也更快了，也就是说你的身体进入了一个更好的状态。

通过我认识的一些朋友的减肥经历，减肥药我是非常不推荐的，之前就有个朋友吃了减肥药上吐下泻，最后不得不去医院。我们减肥的核心目标是要健康，如果一味地看重体重的数字，就会南辕北辙。

其实在这次减肥之前，我曾经无数次地立志要减肥，包括去游泳，去跑步等。但后来都是无疾而终，每一项运动坚持不了几天就放弃了。那为什么这一次就能成功坚持三个月呢？我总结了三个原因。

第一个原因就是不再关注体重的变化，只关注身体的状态。在我的这段减肥过程中，我几乎不关注看今天有没有瘦，因为但凡健身过的朋友都知道，健身减肥是一个长期的过程，不可能一两天就有体重上的明显变化。而且健身前一个月，即使你瘦了，减掉的几乎也都是体内的水分，直到你坚持到第三个月，身体内才会有脂肪到蛋白质的转化。

如果健身的时候天天关注体重，你就会得到非常差的负反馈。你会怀疑为什么我已经很努力健身了，但体重依旧没有变化，这时候你就会否定健身的意义，于是就很难坚持下去。

但如果你把关注点从体重转移到健康状态，你会发现从你第一天健身开始，你的身体状态就在不断变好。不仅是身体，大脑也会更清醒，做事情的效率也会更高。这样你就会得到正向的反馈，从而激励你坚持下去。

第二个原因是固定的时间。很多朋友健身坚持不下去的很大的原因是懒。明明办了健身卡，下定决心下班后健身，结果回到家就躺在沙发上再也起不来了。但如果你把健身的时间固定，每天都是5点，那么健身这件事你是不需要思考的，到了时间就会直接去。这样就不会很纠结，也不需要进行自我的斗争了。所以把每天健身的时间固定，到了时间就直奔健身房，你就会省略掉内心的冲突和拖延。

第三个原因是大班课健身的氛围。如果你去过健身房，就一定可以感觉到，如果有人陪着你健身，时间会过得很快。但如果你是一个人在那里孤零零地跑步，时间就会变得很慢。在我参加大班课的时候，就发现即使我已经坚持不下去了，但看着旁边的大叔都还没放弃，我一个年轻大学生怎么能丢脸，于是继续咬着牙坚持下去，这种有效的健身氛围也是帮助我坚持健身下去的原因之一。

越努力，越幸运

如何成为学习高手

做自媒体的过程中，账号后台总会收到一些寻求我的帮助的信息。或许是因为一些人在现实中找不到合适的人去倾诉、去求救了，从他们身上，我也才真正看到了生活的不容易。

在众多咨询者中，有一个人的故事让我印象特别深刻。这个网友由于家庭原因，父亲重病，母亲收入微薄，所以家境比较困难。她今年刚刚高考结束，考入了一所专科院校，并且顺利申请到了助学金。可是因为家庭的负担，母亲希望她高中毕业后就去工作赚钱。她现在很迷茫，不知道该怎么办，于是鼓起勇气向我求助。

我把当时写给她的回复原封不动地分享给大家，希望能给大家一些启发和动力。

　　我现在没有处在你的处境中，没办法真的设身处地地替你做决定。不过我希望你在做出决定之前，可以先听听我的建议，思考一下我的建议是否有道理。

　　当生活一片狼藉的时候，我希望我们可以一起忍耐生活的苟且，一起看向远方。

先把这句看起来很"鸡汤"的话送给你，人生总是需要苟且的，因为生活的不易，因为物质的负担，我们总是要学会忍耐生活的苟且，尽自己的最大努力才能让自己的境遇看起来没那么不堪。但我希望你无论在什么时间，什么情况下，都能看向远方，不要放弃任何希望。

给你正式的建议前，先跟你讲个故事：维克多·弗兰克尔是一位出生于奥地利的美国神经与精神病学教授。

身为犹太人，弗兰克尔曾在"二战"期间被关进纳粹德国的死亡集中营，其父母、妻子与兄弟都死于纳粹的魔掌，只剩下一个妹妹侥幸存活。而他本人也饱受凌辱，历尽酷刑，过着朝不保夕的生活。

有一天，他独处于狭小的囚室，忽然有一种全新的感受，这种感受后来他称之为"人类终极的自由"。虽然纳粹能控制他的生存环境，摧残他的肉体，但他的自我意识却是独立的，能够超脱肉体的束缚，以旁观者的身份审视自己的遭遇。他可以决定外界刺激对自己的影响程度，或者说，在遭遇与对遭遇的回应之间，他有选择回应方式的自由或能力。

这期间他设想了各种各样的状况，比如想象他获释后，站在讲台上给学生讲授自己从这段痛苦遭遇中得到的宝贵教训，告诉他们如何用心灵的眼睛看待自己的经历。

凭着想象与记忆，他不断修炼心灵、头脑和道德的自律能力，将内心的自由种子培育得日益成熟，直到超脱纳粹的禁锢。对于物质环境，纳粹享有决定权，但是弗兰克尔享有更伟大的自由——他强大的内心力量可以帮助他实践自己的选择，超越纳粹的禁锢。这种力量感化了其他的囚犯，甚至狱卒，帮助狱友们在苦难中找到生命的意义，寻回自尊。

所以无论在什么样的外界条件下，我们都拥有自主选择的权利。

我给你的建议是这样的：

第一，我建议你还是要继续把专科读完，甚至有机会的话可以升本。我给你这个建议不是因为学历在这个社会上有多重要，只是因为基于经济利益上的考量。你现在即使放弃学业去工作，你的工资基本可以设想在很低的一个范围内，而这样的工资对于你的家庭而言其实是杯水车薪的。如果要为了这几年的补贴家用而放弃了之后更好的工作和更好的薪资，在我看来是非常得不偿失的。

所以你现在即使去工作也无法从根本上解决家庭的窘境，对你而言性价比更高的方式就是继续读书，并且要努力地读书。这样你毕业后的薪资绝对是比高中毕业高出一个台阶的。但你也要清醒地意识到，专科生毕业的工资也不会在一个较高的水准，所以你还要努力地去读本科。

听到这儿你可能会问我，那钱怎么办？这就是我给你的第二个建议，在读书的时候利用空闲的时间去打工。

虽然我不是很鼓励大学生为了赚钱而打工，但如果你的家庭条件真的不允许，那你就要利用空闲时间去赚钱了。从大一开始，你可以选择去兼职做服务员等工作；但我希望你除了体力的工作外，也可以花时间去学一些可以创造更高价值的技能。比如学习一下PS、PPT技术和配音等，通过这些技能去赚更多的钱，而且这些技能也会在你毕业的时候成为你的优势。除了打工、做副业，努力学习拿奖学金也是一个不错的补贴家用的方式。

但选择了这条路就会意味着你的大学时光会很累，你要一边学习一边努力打工赚钱。你愿意选择这样的生活吗？这是你自己要考虑清楚的问题。

给你的回信就说到这儿了，我希望你可以认真想清楚自己的未来。还是那句话，当生活一片狼藉的时候，我希望我们可以一起忍耐生活的苟且，一起看向远方。

坚持学习，
本身就会产生成就感

你的大学时期有过迷茫吗？开始运营自媒体之后，我在账号后台收到了很多粉丝关于大学迷茫问题的求助。其中有位"雨诺萧萧"的问题是这样的："学长，我学的是空乘专业，但是现在越学越不知道要做点什么，好多事情都提不起劲，好迷茫啊，能不能给我一些建议。"如果你现在也正处于大学期间，也跟"雨诺萧萧"同学一样对于自己所学的专业很迷茫，那么这封信也是写给你的。

在我看来，大学迷茫的根源之一在于高考选专业。大家想一下，你的高考志愿是自己选择填报的吗？至少在我当年高考结束后，我的大学专业就不是我自己选的，因为当时的我并不知道自己未来喜欢做什么，于是我爸就说如果不知道学什么，那就学金融好了，因为无论以后做什么，掌握金融知识都是有益无害的。

所幸的是，从我进入大学就一直在思考毕业之后到底应该做什么？要选择什么样的行业？因为在我看来，当代职场跟我们父辈的时候是不一样的。最近的几年里，大部分人都在追求速度，导致职场的节奏也非常快，无论是工作内容的变化还是工作本身的更新迭代都是非常快的。就拿互联网行业举例，我现在的人工智能产品经理的职位，在十年前根本不存在，甚至十年前根本没有人工智能产品出现。所以我认为，现在的职场中，已经没有人可以躺在自己以前的工作经验上一劳永逸，所谓的"铁饭碗"的日子已经一去不复返了。

那么在这样一个高速发展且要求人们快速适应的社会中，选择一个自己喜欢的行业就更加地重要。只有喜欢，你才会在快节奏的工作中保持学习的热情，才能适应职场那些随时会发生的变化。那么问题又回来了，我们到底怎样才能找到自己喜欢的行业呢？我个人把它分为两个阶段：前期无限尝试，后期及时探索。比如我大学的专业是金融，最后却一步一步走进了互联网行业，到现在进入人工智能领域。其实这主要归功于我大学期间和工作前两年做的两件事情。

第一件事情，我在大学的时候心态很开放，各种尝试都愿意去做。很多与本专业没有关系的活动和组织我都会去参加。我大学读的是厦门大学的第一大学院——经济学院。但我在大一就参加了"厦大青年"这个学生组织，这个组织主要是负责校内的媒体宣传，包括同名的报纸和电子期刊。所以我从大一开始就是一名小采编，经常采访同学，写新闻稿。这样积累下来，大三的时候我成了"厦大青年"分管新媒体部门的副主任。也就是在这段经历中，我意识到相比于金融学，我更喜欢新媒体和互联网的内容，我更喜欢通过线上线下的活动，让消费者和商家共赢，这样我就坚定了毕业后一定要进入互联网行业的想法。所以我也建议大家在还有时间成本的时候，多去尝试，也许一个偶然的小尝试就会让你找到自己真正热爱的事业。

第二件事，在我正式工作的第二年去做了一份

MBTI职业测试。因为我工作的前两年一直在传统互联网公司，两年后就遇到了瓶颈，感觉传统互联网行业发展空间还是比较有限的。当时对于自己以后的发展思考很久也没有结果，于是就去做了一份职业性格测试。

测试之后自己才恍然大悟，当时测试的结果告诉我，我的职业性格属于ENTP，也就是智多星类型。这个类型的人最大的特点是喜欢创新，不喜欢循规蹈矩，而且适应力很强。所以这就更坚定了我去选择一个创新更多、机会更多、挑战也更多的行业，所以我选择了人工智能行业。目前来看，我的这个选择还是不错的。虽然这个测试并不能给人充足的建议和方向，但它可以让人清晰了解自己的工作性格和优势，然后基于此去找到最适合自己的职业方向。比如让一个理智型的人才去做学术或者技术方面的工作，获得成就的概率就会比搞艺术大得多。所以了解自己要趁早，越早找到自己的优势所在，就能够越早进入到自己喜爱的工作中。

你的认知决定了你的
人际关系

　　人在二十岁前后会遇到两个关键的人生转折点，一个是从高中到大学的时候，另一个是从大学毕业进入社会的时候。在这两个转折点发生的时候，我们身处的环境会发生剧烈的变化。从高中到大学，我们的生活重心猛然地从单纯的考试成绩转移到更复杂的大学生活。而当我们大学毕业的时候，我们的生活环境又会突然从象牙塔中的读书上课，转移到职场的工作和复杂的人际关系里，而这两个节点无一例外，都向我们的人际关系处理能力发出了巨大的挑战。

　　有个朋友曾经很困惑地问过我两个问题，第一个问题是想知道在大学如何处理好人际关系，做到学习和交友两不误；第二个问题是怎样将朋友分类做到最舒适的状态？

　　这两个问题是很多人都会遇到的问题，那如何去处理好人际关系呢？在我看来，所有能保持长久关系的朋友，一定是基于同频率的灵魂共鸣的。什么叫同频率的灵魂共鸣？简单点说，就是你们看世界的维度基本一致，你们做事情的高度也基本一致。

举个例子，比如说你跟你的朋友都在聊今年的"双十一"，你脑子里想的是天猫设定的各种机制背后的经济原理，想的是各类商家在"双十一"搞活动的商业策略。而你的朋友则在想着最新款的眼影，想着如何去"养猫"抢红包，那你们就可以说不在同一个频率上。当然这种频率没有好坏之分，只有高低之差。而且需要强调一下，我说的频率不是看事情的角度。比如说你认为"双十一"的商业策略是价格歧视，你朋友觉得"双十一"的策略是价格锚点，这只是从同一个高度看到不同层面而已。

如果朋友之前的频率不同，时间一长，你就会觉得跟这个人聊天好像索然无味。渐渐地，你们的关系就会慢慢变淡。更重要的是，所有人都是在不断成长的，有的人成长速度快，有的人成长速度慢。这也就解释了，为什么很多学生时代很要好的朋友，毕业之后关系就慢慢淡了，究其根本不是去了不同的公司，而是逐渐没办法在一个频道上聊天了而已。

前面说了这么多，我只是想跟大家说一下我自己认为的好的友情，就是可以长期地保持在同一个频率上。换句话说，就是可以保持在同一个成长速度上。当然，两个人也可以选择保持同样一个很慢的速度成长，每天都一起愉快地玩耍，愉快地打游戏，这样的友情也可以在较长的一段时间内保持下去。还可以选择自己不断成长，然后去结交那些跟你成长速度一样的朋友。

说到这儿，我想第一个问题的答案就出现了。学习和交友从来都不是矛盾的，矛盾的是因为学习让你的成长速度变快，而你既有的那些朋友没办法跟你保持同频，就会想着让你慢下来而已。

是选择自己一个人向前走，去吸引更多同样努力的人，还是选择慢下来，等一等你的朋友们呢？这个选择是要你自己决定的。

至于第二个问题，如何将朋友分类。我想答案也很清晰了，一类朋友是那些速度比你慢的朋友。这类朋友我建议你保持正常的朋友关系，但不要花太多的时间。因为随着时间的发展，你们之间的关系会慢慢淡下来的。还有一类是那些跟你一样的成长速度，甚至比你成长得更快的朋友。这类朋友，我建议你多投入一些时间和精力，从他们身上学习各自的优点，一起前进。这类人会是你之后非常宝贵的人生财富。

遇到"奇葩"的领导、老师：
内心善良，略有锋芒

无论是在学校还是在职场，我们都会遇到各种各样的"奇葩"之人，他们就像是上天刻意派下来惩罚我们一样，把我们的工作和生活搞得乱七八糟。无论我们做什么他们都不满意，对我们做的所有事情都充满了刻薄和挑剔。

但在这个世界上还有另外一种人，他们似乎天生就是"好运"的体质，无论是领导还是老师都会很喜欢他们而且愿意帮助他们。在现实生活中，前一种人往往是生活不顺的，工作职级也很难快速提升。而后者总是能获取到更多的帮助，受到更多人的提携，无论是学业还是工作都成长得非常快。

那么问题出在了哪儿？是命运的安排，还是人与人看待问题角度不同导致的呢？有个粉丝曾经向我提过这样一个问题："遇见'奇葩'的领导，而且他们非常关注你的穿着、打扮，是否面带微笑等方面，该怎么应对？"你是否在生活中也遇到过这种"奇葩"领导呢？基于他的问题我写了这样一封信回答她的困惑。

如果你还在读书，那么你可能会遇到一个自己不喜欢的老师，遇到一个不喜欢自己的老师和遇到一个不喜欢自己的领导，其实从本质上来说是一样的。都是遇到一个不喜欢，但又很难摆脱，而且地位又比自己高的人。

我在之前的很多期读者来信中曾反复提过一个思考模型，就是"成本收益模型"。这里再简单强调一下，所谓的"成本收益模型"就是在你不知道该如何决策的时候，计算一下几个选项的收益和成本，并且选择那个收益减去成本，也就是利润最高的选项。在遇到自己"讨厌"的领导这个问题上，如果我们用一下成本收益模型会怎么样呢？

当我们在就职的公司遇到一个不喜欢自己的领导时，我们其实有这么几个简单的选择。第一个选择是从内心讨厌他，并且从表情和工作中表现出来。这个选择就叫表里如一的讨厌。第二个选项是内心讨厌，但是外表装作迎合领导，说一些违心的话，这个选项叫表里不一的讨厌。第三个选项是说服自己内心接受领导，然后在日常的工作中也表现出对领导的尊重。那这三个选项我们该怎么选呢？

相信不需要经过太多的分析，大多数人都会觉得第三个选项的收益更大。因为跟着一个喜欢的领导，更利于我们的职场发展以及工作的开展。当你讨厌一个老师的时候也是一样的，但为什么无论是职场人还是学生都很难理性地做出这种选择呢？

在我看来，根本原因是说服自己去喜欢一个讨厌的人真的太难了。记得我初中的班主任是一个特别凶的女老师，班里几乎所有的同学都不喜欢她，我最开始也是这样的，因为她总是在班里生气发火，对着我们大呼小叫。但后来的一件事情改变了我对她的印象，当时是教师节，我爸妈逼着我去给班主任送一个小礼物，我那一天简直紧张死了，趁着课间老师不在办公室，像做贼一样把礼物放到了班主任的桌子上就跑了。后来班主任把我叫到了办公室，用一个信封把那个礼物放了进去，并且在信封里放了一封信。信里用非常温柔的语气夸了我，说我是一个听话的孩子。那一次，我才重新认识了这个平常很凶的班主任，并且喜欢上了她。

所以你发现了没有，很多时候我们之所以不喜欢一个人，只是因为没有深入地了解这个人。很多时候，无论是老师还是领导，做出的令你不喜欢的行为，可能只是因为他们所处的位置。老师因为要用最低的成本来管理班级，所以她需要用一个看起来"很凶"的状态对待所有人。领导可能因为需要关注业绩，所以对你的一些工作会比较挑剔。

所以如果遇到一个你以为的"奇葩"领导或者老师该怎么办呢？我给你两个建议：

第一个建议，试着跟老师或者领导有一些非正式的交流机会。比如下课去办公室跟老师问问题，下班跟领导约个请教时间，等等。在这种非正式的场合里，大多数的领导和老师都会放下自己的架子，像一个朋友一样跟你交流，给你建议。

第二个建议，如果你真的觉得你的领导或者老师就是非常地"奇葩"，我建议你也从自身入手，去让自己别那么讨厌他们。优秀的人总是会关注自己能够影响的内容，而平庸的人总是在关注那些自己根本没办法改变的事情。比如优秀的人会不断关注自己应该如何进步，如何增进与家人、朋友的关系；平庸的人却每天在关心娱乐圈的八卦、公司的小道消息等，这些自己根本不可能影响到的事情。

在这个问题上也一样，如果你通过收益成本模型意识到，与领导保持好的关系是一个更理智的选择，那你就能够影响自己的心态。所以从改善自己的心态入手，是一个高效能人士应该具备的能力。最后提个醒，如果你的领导有一些触及底线的行为，那么我上述讲的所有道理都不成立，越级举报或者直接离开这家公司都是不错的选择。

太用力的人走不远

如何成为学习高手

最近特别流行一个词叫作"内卷"。

什么是内卷，我见过最通俗易懂的解释是这样的：

有一屋子的人一起看电影，大家一开始就井然有序地坐在自己的座位上，津津有味地看着电影，所有人都很开心。后来突然第一排有人站了起来，他觉得这样看得更清楚。第二排因为被第一排站起的人挡住，所以第二排的人也不得不站起来看电影，接着第三排的人也不得不站起来，最后的结果是所有人都由坐着看电影变成了站着看电影，没有一个人因此受益，所有人都变得更累了。

我们在自己的学习和职场生活中，也经常会陷入自己的内卷中。

在我的自媒体账号后台中就收到了这样的求助：

"学长你好，我是一名二本院校的大一新生，未来计划进入财会这一行业。目前想要报考国际注册会计师证，但这个在前期需要一定的资金投入，而我不是独生子女，下面还有两个弟弟在私立学校就读，我报考的唯一顾虑就是给父母的压力太大了，又要花一笔钱，同时害怕自己报考之后不能通过考试，您说我现在该报考这个证书吗？"

如果是你面临与这个求助者相同的决策，你会如何选择呢？一个很好用的决策模型"成本—收益分析模型"就可以很好地解决这个问题。这个模型简单来说，当我们面对一个难以抉择的问题时，就拆解一下，如果我们要去做某个事情，那最终的收益有什么，我们的成本又有什么，接着对比一下是收益高还是成本高，就可以判断出这件事是否值得去做。

对于考证这个事情，收益比较明显，可以帮助自己在毕业后更好地找到薪资更高的工作。至于成本则是直接的考证成本和父母暂时的压力。当我们拆解完这些之后再接着对比一下，是收益高还是成本高。

在我看来，考证的收益是远远大于考证的成本的，当我们把目光放到十年的维度，你会发现因为考证而找到更好的工作的收益已经远远大于之前支付的考试成本了。

如果只是拆解到这一层，还是浅显了一些，这个问题的重点是："如果短期来看，我的父母比较难支付我的考试费用，我还该不该考证？"

贫穷的本质就是短期主义，或者说正是因为没办法长期地投资，所以穷人很难实现自己的阶级跨越。2019年诺贝尔经济学得主有两位，分别是印度的班纳吉和法国的狄弗洛。他们的著作《贫穷的本质》中，就通过大量的实验和数据，解释了什么是贫穷的本质。

《贫穷的本质》中说，人穷的根本原因是因为短视，只在乎眼前利益。

书中还举了一个有趣的例子：

在印度的穷人区，人们都知道化肥可以提高粮食产量，但依然没有人用化肥。如果你去问原因，他们会说："我没有钱买。"

你再问："那去年丰收的钱呢？"

他会说："我花光了，买别的东西了。"这个别的东西，很可能指的就是电视这样跟积累财富毫无关系，但却能让自己短时间内更开心的东西。他们不会想到，如果我今年不留点钱买化肥，明年会更穷。

听完这个故事，你可能会觉得，印度的穷人也太短视了吧，连省点钱买化肥都不知道。然而，我们自己反省一下，我们是不是也经常会陷入这种贫穷的陷阱呢？为了眼前的低薪资的工作而不读大学，为了省下几千的考证费用而不考证……

我在做自媒体的过程中见到了太多提问的朋友的那种绝望，他们不停地问我应该如何在成绩上实现逆袭，如何还清自己的债务，如何修复与朋友的关系，如何突破生活的枷锁。可是当我给了他们建议和方法之后，很多人最直接的反应却是"你这个方案行不通啊""要是有你说的这么简单，我也不至于这样了"……这其实就是生活的内卷化，被自己的认知和思维困住，陷入了恶性循环中无法自拔，但这些在外人看来，我们跟跳出恶性循环的距离只有一层窗户纸的厚度。

最后我给这位朋友提了三条建议：

1.找个时间跟爸妈说一下你打算考证的事情，表达一下你目前的担忧以及考证之后的好处，先听听父母怎么说。对于父母来说，很有可能这个考证的钱并没有你想象的那么重要，如果是这样，那么这个问题也就迎刃而解了，你需要做的就是努力复习，争取一次就通过。

2.如果你父母真的觉得考证的钱已经高到家里无法接受了，那我建议你可以通过副业打工的方式自己去攒这笔考试的费用。比如去做家教，去写作，去做PPT，等等。如果你认定考证是一件对于你未来职业很重要的事情，那你就要学会自己去创造条件，虽然我反复地说，我不建议大学生在大学时期为了钱而打工，但如果你是为了未来的职业去赚钱，那我也是鼓励的。

3.如果这两条路你都觉得行不通，那我建议你也可以先专心于自己的专业课。毕竟你才大一，考证的事情可以在大二的时候重新来思考，到那时候，可能你的家境和你的情况会有很大的改善。